私たちは何を悩んできたか

——高校生が語った子どものころの悩み

永野恒雄／編著

同時代社

私たちは何を悩んできたか——高校生が語った子どものころの悩み／目次

まえがき……9
この本を読まれる方へ……14

第一章 カラダの悩み——15

〈作文①〉やめられない指シャブリ……16
〈作文②〉だんだんホクロがふえてくる……21
〈作文③〉階段が私の食卓だった……25
〈作文④〉とまらないオネショ……28
〔補足と解説〕 身体の悩みあれこれ 30

第二章 疑問と悩み 33

〈作文⑤〉なぜヒトは死ぬのか……35
〈作文⑥〉「宇宙を創ったもの」を創ったものは？……38
〈作文⑦〉私以外はみんなロボット……42
〈作文⑧〉私の母はオナラをしない……45
〔補足と解説〕 子どもは小さな哲学者だ 49／ニセ家族という疑惑 52

第三章 コダワリと悩み 55

〈作文⑨〉メンソレータムの少女の名前……56
〈作文⑩〉マンホールの誘惑……63
〈作文⑪〉消しゴムの使い方にこだわる……68
〈作文⑫〉命と同じくらい大切な布きれ……71
〔補足と解説〕 子どもと強迫性障害 76

第四章 不安と悩み 79
〈作文⑬〉愛犬ヒミコよ死なないで……81
〈作文⑭〉母の浮気はワタシが防ぐ……85
〈作文⑮〉霊にとりつかれてしまう……89
〈作文⑯〉私は親の死に目に会えない……92
〔補足と解説〕死の不安と哲学的疑問 98／子どもの思想的開き直り 100

第五章 罪悪感と悩み 103
〈作文⑰〉ウソをつくと地獄に行く……104
〈作文⑱〉気がつくと大ウソつきになっていた……110
〈作文⑲〉私が殺した生き物たち……115
〈作文⑳〉なくした委員バッチ……119
〔補足と解説〕ウソとサトラレの関係 122

第六章 家族の悩み 127
〈作文㉑〉家族の笑い顔も今のうち 129
〈作文㉒〉私はエビトリ川で拾われた 132
〈作文㉓〉なぜ私にはお父さんがいないの？ 136
〈作文㉔〉ベンツ・豪邸・キュウリサンド 140
〈補足と解説〉「捨て児宣告」という民俗 145／「貧富の差」と序列主義 148

第七章 イジメの悩み 151
〈作文㉕〉ついに相手をタコなぐり 152
〈作文㉖〉いじめられっ子のウラミは深い 157
〈作文㉗〉いじめていた子からの手紙 162
〈作文㉘〉学校でクソをしただけで 165
〈補足と解説〉いじめた側の証言 170／学校と排便をめぐる問題 172

第八章
成長と悩み 177

〈作文㉙〉どうしてもウサギになりたい……179
〈作文㉚〉私の背はもう伸びないの？……182
〈作文㉛〉昔の僕はヒーローだった……186
〈作文㉜〉土曜深夜に受けた性教育……190
〔補足と解説〕子どもを演ずる子どもたち 195
あとがき……199

まえがき

多くのおとなたちは、子どもには「悩み」など存在しないと考えています。しかし、実際のところは違います。多くの子どもが、いろいろなことで真剣に悩んでいます。

この本は、子ども（おもに幼児や小学生）がどんなことで悩んでいるかについて紹介し、解説した本です。

このような本は、おそらく今まで無かったと思います。その理由は、第一に、おとなたちが、子どもには「悩み」などあるはずがない、と思いこんでいるからです。第二に、ほとんどの子どもたちが、自分の「悩み」を他人（特におとな）に打ち明けたりしないからです。ふつう子どもは、悩みをひとりでかかえこみ、誰にも相談などしないものです。

このあと、この本で紹介してゆく悩みは、実は、「子ども」に打ち明けてもらったものではありません。高校生の諸君が、「思い出」として語ってくれたものです。

かつて私は、都立高校の教員をしていました。あるとき、生徒たちに、「今だから言える昔の悩み」というタイトルで作文を書いてもらいました。生徒たちは、このタイトルが気に入ったとみえ、すぐ作文にとりかかりました。

できあがった作文を見ると、どれもこれも「傑作」でした。いっぽうで、なかなか深刻な内容が含まれていました。その後もずっと、「今だから言える子どものころの悩み」などのタイトルで、高校生に作文を書いてもらう活動を続けました。

高校生ぐらいの年代になると、もう子どものころの「悩み」からは卒業しています。言語能力や文章力も向上しています。そのころの悩みを、なつかしい「思い出」として語れるようになっています。それを、文章に綴ることもできるようになっています。

高校生たちに話を聞いてみると、口をあわせたように、次のようなことを言っていました。

＊今だから気楽に話せるが、子どものころは、かなり真剣に悩んだものだ。

＊こんなことで悩んでいるのは自分だけだ、と思いこんでいた。

＊誰にも打ち明けたり相談したりしなかった。そうしようとも思わなかった。

高校生の回想による、そうした「子どものころの悩み」を紹介したのがこの本です。

この本には、高校生が「昔の悩み」（子どものころの悩み）を記した作文が、全部で三二本、収録されています。私は、それぞれの作文について、書いた本人に「インタビュー」をおこないました。作文だけでは、「悩み」の切実さ、その背景などが、よくわからなかったからです。もちろん、そのインタビューの模様も再現しておきました。

「子どもの悩み」は、たいへん多彩です。本書では、作文にあらわれた「子どもの悩み」を、次の八つパターンに分類してみました。あくまでも、便宜的な分類です。

1　カラダの悩み（クセ含む）
2　疑問を伴う悩み（哲学的疑問含む）
3　こだわりを伴う悩み
4　不安を伴う悩み（死、出生含む）
5　罪悪感を伴う悩み（ウソ含む）
6　家族の悩み（貧富含む）
7　友人関係の悩み（イジメ含む）
8　成長の悩み（性含む）

計三二本の作文を、このパターンに従って、全八章に振り分けました。もちろん、この振り分けも便宜的なものです。

作文ごとに、インタビュー記録を付し、簡単な注釈を加えました。各章の終わりに、〔補足と解説〕を置きました。

記述はできるだけ平明・簡潔をこころがけました。各作文を味読していただくと同時に、編者の意図したところを、ご理解いただければ幸いです。

この本を読まれる方へ

＊この本は、子育てにいそしんでおられる方々、教育に携わっておられる方々、高校生・大学生の皆さんを、読者として想定しました。できれば、小学生や中学生の皆さんにも、読んでいただきたいと考えています。

＊作文の筆者はすべて高校生で、原則として高校一年生です。作文を書いてもらった年度は、四、五年間にまたがります。作文を紹介するにあたっては、原文の表記を活かすよう努めましたが、句読点、改行などで、最小限の補正をおこなった場合があります。

＊番号をつけて紹介した作文については、すべてその筆者にインタビューをおこなっています。また、その際、筆者諸君には、作文とインタビュー内容を「本で紹介する」ことについて了解を得ています。ただ、その了解を得てから、だいぶ時間が経ってしまいましたので、プライバシーに考慮し、個人名はすべて仮名としました。

＊同様の理由で、高校名を伏せ、作文を回収した年度も伏せました。

＊各章の最後にある〔補足と解説〕は、基本的に、今の時点（二〇二一年一〇月）で編者が考えていることを記しました。

第一章

カラダの悩み

第一章では、「カラダ」についての悩みをとりあげます。カラダ（身体）に関する子どもの悩みとしては、㈠身長・体重・容姿・運動能力などについての悩み、㈡病気や健康についての悩み、㈢身体の部分的特徴についての悩み（ホクロなど）、㈣クセについての悩み（オネショ、指しやぶりなど）などを挙げることができます。

本章では、「指シャブリ」で悩んだユウイチ君、「ホクロ」で悩んだヒサコさん、「食べるのが遅いこと」で悩んだノリエさん、「オネショ」で悩んだマミさんの例を紹介します。

〈作文①〉やめられない指シャブリ

ぼくは幼稚園のころから小学校三、四のころまで、家に帰るといつも指しゃぶりをしていた。

家の中ではどうどうと指しゃぶりをしていたが、学校ではやはりはずかしくて、みんなの前ではできず、いつもがまんしていた。

まんがいち、みんなの前で指でもしゃぶつてしまったら、ぜったいみんなにバカにされてしまうなどと、いつも気にしていた。

でも人間のくせというのは恐ろしいもので、何度か学校で指をしゃぶってしまった。

けど、いつも家で指しゃぶりをしていたのを知っているのは、家族と近所の友達（約四名）と、「先生」です（しゃべったら襲いにいきますよ）。〔ユウイチ・高一男〕

いくら昔の悩みとはいえ、こういう悩みを正直に書いてくれたユウイチ君に対し、私は好感を抱きました。といっても、ユウイチ君とはほとんど話をしたことがなかったので、この作文について聞くことには、少しためらいがありました。

案ずるより産むがやすし。ユウイチ君に、作文について話を聞かせてほしいと言うと、以下のように、非常にまじめに、実に素直に答えてくれたのです。

——これはいつの話ですか。

「小学校に入る前から、小学校の五年のときまでです」

――家ではしゃぶりっぱなしですか。

「だいたいはそうです。特に夜寝るときは、右手の親指をしゃぶり、同時に左手で耳をさわっていないと寝られなかったんです。こんなふうに」〔ユウイチ君、その動作をする〕

――家の人には何か言われませんでしたか。

「もちろん、しつこくやめろと言われました。特に母親にはあらゆることを言われました。指がとけるとか何だとかおどかされました。でもぜんぜんやめなかったんです」

――害はなかったんですか。

「ありました。指の皮がふやけてまっ白で、指紋も消えていました。小学校二年のとき、爪がベロッとはがれたんですが、さすがにこのときはショックでした」

――そのときは医者に行ったんでしょう?

「行かなかったです。とれた爪を元どおりにくっつけ、バンドエイドでとめただけです。そのあと、バンドエイドをした指をまたしゃぶっていたような記憶があります」

——自分でやめる努力はしましたか。

「もちろんしました。右手と左手を入れかえるとか。そのほかあらゆる努力をしましたが、やめることはできなかったんです。大変悩んだです」

——やめられたキッカケは何ですか。

「小学校五年のときに少年野球の合宿があったんです。夏休みです。合宿の前に、これを機会に絶対にやめようと重大な決意をしました」

——チームのみんなは、君のクセは知らなかったんですか。

「そうなんです。それで、合宿の初日の夜になったんですが、どうしても寝つくことができないんです。それで、情けないことにまたしゃぶってしまったんです。もちろんふとんで隠してましたけど」

——それで次の日は？

「次の日は、さらに重大な決意をしました。今日こそは絶対にやめると誓いました」

〔ユウイチ君、真剣な語り口と目つき〕。そして、実際にその日からキッパリやめることができたんです」

――なるほどねえ。今までの君の人生で、このとき以上に重大な決意をしたことはありましたか。

「ないです。このときが今までの人生では最大の決意だったと思います」

――この重大な出来事について、今まで誰かに話したことがありますか。

「ないです。今日が初めてです」

――今後、何か試練があったら、このときの決意を思い出すといいですね。

「そうですね。そう思っています」

ユウイチ君の短い作文の背後に、これほど重大なドラマが秘められていることを知って、私は感動しました。たいへん楽しい、そして有意義なインタビューでした。

〈作文②〉だんだんホクロがふえてくる

私が子どものころ悩んだことは、目とほくろのことでした。

私は目がちょっと細い方なので、よく〝糸目〟とかいわれました。いつもヘラヘラ笑っているみたいにみられてイヤでした。

眼科へ行っても、せいいっぱい目をあけているのに、「もっと目をあけて下さい」とかいわれてショックでした。一生懸命目をあけたり、手でおさえたりしてもだめでした。

もう一つの悩みだったのはほくろでした。私は少しほくろが多いほうでした。それがすごくイヤで、何度もとりたいと思いました。ほくろを掻いたりしたけどとれなくて、悲しくなったことがありました。

私の家の近所のお姉さんが、ある日、ほくろをとる手術をしました。私もやりたかったけど、痛い思いまでしてとりたくないと思って、それから、ほくろのことなんて気にしなくなりました。〔ヒサコ・高一女〕

目とホクロのことで悩んだというヒサコさんですが、会った印象では、目が細いとも、ホクロが多いとも思えませんでした。

――目とホクロとでは、どちらが気になったですか。

「目のほうです」

――目のことで悩んだのは、何かキッカケがあったんですか。

「小学校一年のとき、クラスの男の子に目が細いってからかわれたんです」

――その男の子は、目は細くなかったんですか。

「くやしいことに、目がパッチリしている子でした」

――いつごろまで気になっていたんですか。

「小学校四、五年ぐらいまでです」

――そのあとは気になりませんか。

「気にしないことにしました」

――ホクロが気になったのも、何かキッカケがあったんですか。

「もともと多いとは思ってたんですけれど、ある時、今までなかったところにホクロができているのを発見したんです。このままホクロがどんどん増えていくのかという不安にかられました」

――それで減らそうとしたんですか。

「そうです。こすったり引っかいたりして、ひとつでもとろうと努力しました」

――とれたんですか。

「いくら引っかいてもとれなかったです。いつも引っかいているんで、そこがかゆくなって困りました」

――毎日鏡に向かっていたということですか。

「そうです。毎日、ホクロを見てました。ホクロの数が増えていないだろうかと、毎日、数を数えていました」

――数えてたのは、顔のホクロだけですか。

「そうです。顔のホクロです」

――家の人に何か言われなかったですか。

「言われました。ホクロは数えてはいけないとか、数えると増えるとか言われました」

――近所でホクロをとったという人は、おとなの人ですか。

「いや、私よりふたつ上の人で、その人もまだ小学生だったと思います。

――今は、ホクロは気にならないですか。

「あんまりならないですね」

――ホクロというのは、本当に数えると増えるんですか。

「さあ、どうなんでしょうか」


子どもの悩みのひとつに「ホクロ」があることは、あまり知られていない事実です。第四章「不安と悩み」〈作文⑬〉で紹介するワカコさんもまた、かつて、ホクロで悩んだと書いています。

子どもがホクロで悩む理由は、よくわかりません。ただ、ヒサコさんの話によりますと、ホクロというのは、「増える」もの、言いかえれば、今までなかった所に「できる」もののようです。子どもがホクロを気にする理由は、このあたりにあるのかもしれません。

〈作文③〉階段が私の食卓だった

ごはんを食べるのが余りに遅いので、悩んでいたことがあった。

昔うちは、いとこたちと一緒にすんでいて、ごはんも一緒に食べていた。そのころ、ごはんを一定の時間に食べきれない人は、階段で食べさせるという習慣になっていて、余りにも遅い私は、いつも階段に行って食べていた。

今は、前より早くはなったと思っているが、友だちに言わせると、「まだ遅い」そうなので、まだまだ努力が必要のようです。でも、もう階段で食べる制度はなくなっている（あたりまえ）。〔ノリエ・高一女〕

階段が「食卓」だったというノリエさんに話を聞いてみました。昔のことなのに、詳細なことまで記憶しているのには驚きました。

――あなたは、食べ物の好き嫌いはなかったんですか。

「好き嫌いはあまりなかったんです。ただ食べるのがあまりにおそかったんです。ワタシは、おかずなんか一番おいしそうなのは最後までとっておくほうなんですけど、それを食べるころは冷えきってましたね」

――どうして、そんなに遅かったんですか。

「食べてると、なぜかすぐおなかがいっぱいになってしまうんです。食べているうちにおなかがいっぱいになって、そのまま寝てしまったこともあります」

――食べたくないので、寝たふりをしたんですか。

「違うんです。本当にねむくなってしまって、箸を持ったまま寝てしまうんです。それから、噛み方もよくなかったと思います。アゴの力が弱いというか、食べ物がいつまでも口の中にあって、なかなかノドまではいっていかないんです。これは、子どもながらに情けなかったですね」

──階段で食べるという制度は、あなたのために作られたわけですね。

「そうですね。ワタシがあんまり遅いんで片付けができないといって追いだされるんです。でも時には、イトコも階段で食べさせられていました。その場合でも、イトコのほうがワタシより先に食べおわっていましたけど」

──一種の罰だった言えますか。

「そうでしょうね。よく、そろそろ階段だぞっておどかされてましたから」

──食べるのが遅いと、学校でも苦労したんではないですか。

「そうです。幼稚園とか、小学校一、二年の頃は、すごく遅かったです。そのために学校に行きたくないと思ったこともありました。でも学校では、ほかにもけっこう遅い人もいて、ウチのようにすごく差がつくことはなかったと思います」

──ウチより学校の方が、マジメに食べていたんじゃないかな。

「そうでしょうね。学校だとヒトの目がありますし、そのあとの予定もつまってますからね」

〈作文④〉とまらないオネショ

私は小さい頃、布団の中で用事を済ませてしまうことが多かった。どんなに夜寝る前にトイレに行っても、朝になると、布団の中がいやぁな感触がするのです。

私は母におこられるのがいやで、どうにかして自分で処理できないかと、いろいろやったけど、結局はだめだった。

ある時は、朝起きて母親にはだまっていて、母親が布団を直しにくる前に出かけてしまうという手をとったが、帰ってからこっぴどくおこられた。

あんまりこういうことが続くと、父がものすごくおこってしまって、

「いつまでも子どもみたいに、なにやってるんだ！」

と言われ、反省文をかかされ、それを先生に見せるゾ、とまで言われた（一度も先生に見せたことはないけれど）。

それからというもの、私は、夕食のときは、どんなにすすめられても水一滴のまず、寝る前には必ずトイレに行くという生活になった。

それからは一、二度あったぐらいで、母がこの状態をなげいて買った「おねしょマット」も役目をはたさなくなった。それなのに叔父や祖母の家に行くと、「今日はだいじょうぶだったのか？　ハハハハ」

などとからかわれる。今でも！

今考えると、このころの私には、親に対する甘えがあったのではないかと思う。たしかにその頃は親がいないと何もできない子どもだった。

でもその頃は、これでどんなにたくさん泣いて、悩んだことか。〔マミ・高一女〕

マミさんにも、インタビューしました。マミさんは、気楽な感じで、質問に答えてくれました。しかし、残念ながら、そのインタビュー記録が見つかりません。

ただ、マミさんが、「オネショをやめられるかどうかは、自分の決意にかかっていた」と言っていたことは、よく覚えています。その少し前に、「指しゃぶり」の話をしてくれたユウイチ君もまた、「決意」という言葉を使っていたからです。

第一章〈補足と解説〉

身体の悩みあれこれ

身体の悩みに関して、第一章では、四人の悩みを紹介しました。今回は、第八章「成長と悩み」で紹介しましたが、ハルミさんの「背が伸びない」という悩みも、身体の悩みに分類できるでしょう。

ここでは、これ以外の例をいくつか挙げて、補足としたいと思います。

アユミさん（女子）は、幼稚園のとき、自分の「耳が大きい」ことが気になり、ハサミで切って小さくしようと思ったそうです（実際には切っていません）。メグミさん（女子）は、手首の血管が緑色に見えるのが気になり、切って緑色の血を見てみたい衝動にかられたと回想しています（これも、実際には切っていません）。

ミカさん（女子）は、小学校一年とき、自分の「まゆ毛が濃い」ことが気になりま

した。ミカさんの場合、本当にハサミでまゆ毛を切ってしまい、皆に笑われたそうです。

ややや特殊な例ですが、ミノル君（男子）は四歳のころ、親戚の家に行き、そこで年上のイトコにだまされ、自分の左足が義足だと信じてしまいました。小学校の高学年になって、ようやく、そんなはずはないと気づきましたが、その間はずっと、左足について悩んでいたそうです。

身体についての子どもの悩みとしては、多種多様なものがありえます。しかし、そうした多様な悩みのうち、「作文」の形で接することができたのは、ほんの一部だったと言ってよいでしょう。高校教員時代の私は、難病、摂食障害、アレルギーといった問題をかかえてきた生徒と接することがありましたが、そうした生徒たちの悩みを、「作文」の形で知る機会はありませんでした。

第二章

疑問と悩み

幼稚園ぐらいの年代の子どもが「質問魔」であることは、よく知られています。この年代の子どもたちは、何かというと、「なぜ」「どうして」を連発します。

そうした子どもたちの疑問に対して、おとなたちが誠実に対応してくれません。おとなたちにとって、子どもたちの疑問というのは、わずらわしいものであり、意味不明なものであり、答えようがないものなのです。

子どもたちは、おとなたちが自分の疑問に対し、誠実に対応してくれないことを知って、ますます悩みます。子どもたちにとって、「疑問」というのは、なかなか深刻な「悩み」なのです。

ここでは、「なぜ人は死ぬのか」で悩んだヒロシ君、「宇宙を創ったもの」を創ったものは何か、という疑問を持ったミユキさん、まわりの人間が「ロボット」に思えたというリョウコさん、母が「オナラをしない」ことに気づいたモモエさんの例を見てみましょう。

〈作文⑤〉なぜヒトは死ぬのか

幼い頃、眠れない時はいつも、なぜ人は死ぬのかという疑問にぶつかっていた。この疑問にぶつかると、なみだが出てきた。そして頭がいたくなるほど考えた。しかし、いつもまにか寝ていた。

その疑問には、一年ぐらいでテキトーな答えをみつけて考えなくなった。その答えは、人間は生まれてくるから死ぬんであって、死んでいくから生れてくる。今でもこれが、自分自身を一番なっとくさせている答えである。〔ヒロシ・高一男〕

ヒロシ君は、話をする前は、口数が少ないという印象でしたが、次のようなことを聞き出すことができました。

――これはいつごろの出来事ですか。

「よく覚えていないんですけど、小学校の三、四年ごろだったと思います」

――そのころは毎日、こういうことで悩んでたんですか。

「いや、ひとりでいる時とか、さびしい時などは考えることがあったですけど、毎日というわけではないです」

——誰かに相談しましたか。

「全然しなかったと思います」

——作文に出てくる「答え」は、自分で考えたものですか。

「そうです。ひとりでそういう結論を出しました」

——悩んでいるときは、眠れないことがありましたか。

「ありました。そのころ九時半ぐらいに寝てたんですけど、十一時半ぐらいまで眠れなかったということが何度もありました」

——死について考えたのは、何かキッカケがあったんですか。身近な人が亡くなるとか。

「全然それはなかったと思います」

——飼っていた動物が死ぬとか。

「そういうこともなかったです。でも、死のことを考えたのは、親から叱られたりして落ち込んでいる時だったような気がします」

――今はもう、死については悩みませんか。

「ええ」

――その後、考えが深まったということはありませんか。

「それもないです。その後、そういうことは考えていませんから」


ヒロシ君の悩み（疑問）は、人類永遠の悩みです。これまで、どれだけ多くの人々が、この悩み（疑問）で苦しんできたことでしょうか。その悩みに対して、彼は自分なりの「答え」を見出しました。たいしたものだと思います。

なお、死についての「疑問」は、死に対する「不安」でもあります。この悩みは、第四章「不安と悩み」でも取りあげたいと思います。

〈作文⑥〉「宇宙を創ったもの」を創ったものは？

なぜだか、すぐ親が死ぬことに対して心配していた。全然死にそうもないほど毎日元気だったのに、なぜそのような心配をしていたのかわからない。

あとは、悩みというか考えていたことは、物が何でできているかとか、宇宙を創ったものを創ったものは何か、などということを幼稚園の時にずっと考えていました。それで、親にいつも質問していたらしく、そのときは困ったとよく言っています。でも、幼稚園生はふつうそんなことを考えるものなのでしょうか。やっぱり私は昔から変わった人だったのかもしれません。いやな幼稚園生だったろうな。〔ミユキ・高一女〕

ミユキさんは、一見、静かで控え目な少女です。この作文について聞きたいと言うと、快く応じてくれました。

——こういった質問は、やはり幼稚園のころが多かったですか。

「疑問そのものは、幼稚園の頃からずうっと続いていました。親を質問ぜめにしたのは幼稚園のころでした」

——お母さんも困ったでしょうね。

「と思います。わからないと答えると、さらに、なぜわからないのかって質問してましたから」

——作文によると、「万物の根源」について疑問を持っていたように思いますが。

「そのほかにも、宇宙の先には何があるかとか、生物の元は何かとか、鉛筆はなぜ鉛筆と呼ぶのかとか、そんなことも考えていました」

——鉛筆は鉛筆ではまずいですか。

「鉛筆というものと、エンピツという言葉が、なぜ結びつかなければならないのか、というのが納得できないんですね」

——そういうのは、世の中の約束事だと思うんですけど。

「その約束事というのが、何か信用できないというか……」

——学校というのは、いわば約束事を教えるところだと思うんですけど、あなたの場合、学校の勉強に対しても抵抗があったんではないですか。

「そうです。公式とか文法とか、そういうものには抵抗がありました。そうしたものはまったく信用できなかったし、理解もできませんでした」

——勉強ができる人というのは、そういう約束事を抵抗なく受け入れられる人だということになりますか。

「そう思います。自分の成績の悪さを正当化するわけではないですけど」

——あなたが抱いていた根源的な問いは、家庭でも、また学校の勉強でも解決されなかったと思うんですけど、あなたは、この問題をひとりで考え続けたんですか。

「小学校に入ってからは、いろいろな本で調べました」

——それで、解決は得られたんですか。

「だめでした。調べれば調べるほどわからなくなりました。本にはズバリという説明がなく、説明そのものについての疑問が次々と湧いてきて、それを調べると、さらにまた疑問が湧くという感じでした」

――どういう本を調べればよいというアドバイスはあったんですか。

「全然なかったし、誰にも相談しなかったです。自分なりに図書館の本などを探しました」

――そういうアドバイスは欲しかったんじゃないですか。

「そうですね。わたしの場合、おとなにしてほしかったのは、まず子どもの疑問をまじめに聞いてもらうこと、そしてその内容をキチンと理解してもらうことでした。答をもらうより、どのように考え、どのように調べればよいかというヒントがほしかったと思います」

――そういうおとなたちが、まわりにいなかったんですね。

「そうです。親や先生には期待できなかったです」

――いまだにいないんじゃないですか。

「そうですね」

ミユキさんと、まとまった話をしたのは、これが初めてでした。なかなか弁が立ち、語気にも鋭いものがあったのは意外でした。人は見かけによらない、という言葉を思い出しました。

なお、ここでミユキさんが提起した問題は、きわめて「哲学的」です。本章〔補足と解説〕の「子どもは小さな哲学者だ」をご参照ください。

〈作文⑦〉私以外はみんなロボット

幼い頃、まわりの人間が、本当はロボットなんじゃないかと、まじめに悩んだ記憶がある。

自分だけ意識を持った人間で、あとの人間（親、姉弟、友達、親せき、他人）、それに飼っている鳥や犬まで、ロボットではないかと思った。だから、すごく人見知りする子どもだった。

でも、その悩みがふっとんだのは、親のレントゲン写真をみた時だった。

「あっ、人間だー」と思った。

今では、みんな人間だと思っている。（いやっ、思いたい！）（リョウコ・高一女）

まわりの人間や動物が「ロボットかもしれない」と悩んでいたリョウコさんは、その当時のことを、ごく最近のことだったかのように、イキイキと話してくれました。

――これはいつごろのことですか。

「四、五歳ごろです」

――幼稚園の時ですか。

「いえ、わたしは幼稚園も保育園も行かなかったんです」

――家では何をしてたんですか。

「家でぼけっとしてたり、一日テレビを見たりしてました」

――まわりの人間がロボットだと思ったのは、テレビの影響ですか。

「テレビの影響は大きかったでしょうね。特にアニメですね。そのころ、朝五時から再放送のアニメをやってたんですけど、そういうのも欠かさず見てました。」

――ロボットが出てくるアニメが多かったんですか。

「そうだと思います」

――お母さんもロボットだと思ったんですか。

「そうです。中は機械じゃないかと思ってました」

――すると、あなたはロボットから生まれたことになりますが。

「だから、本物のお母さんは別にいると思ってたんでしょうね」

――自分がロボットだと思うことはなかったですか。

「それはなかったです」

――意識があるからですか。

「それと、自分のレントゲン写真を見ていたからだと思います」

――骨が見えたんですね。

「そうです」

――この悩みは誰かに相談しましたか。まさか、母親に聞くわけにはいかなかったでしょうけれど。

「ひとりで悩んでいましたね」

――親のレントゲン写真を見たとあるましたが、これは母親のですか。

「そうです」

――母親のレントゲン写真を見たあとは、もう悩みはなくなったんですか。

「そうですね」

――母親以外の人はロボットかもしれないということは、思わなかったですか。

「そういうことは、それからは考えなくなりました」


かなり特殊な悩みのようですが、子ども特有の悩みと見ることもできます。なお、本章〔補足と解説〕の「ニセ家族という疑惑」をご参照ください。

〈作文⑧〉私の母はオナラをしない

私は小さい頃ボケーッとしてて、余り物事を考えていなかったと思う。

でも一つだけ悩み（というほどでもないが）があった。

私の母がオナラをしたのを聞いたことがなくて、オナラというものをしない人なのかと不思議に考えていた。

母親にあてて手紙を出して〝どうしてお母さんはおならをしないの〟と書いたことがあった。

すると返事がきて〝お母さんだってするのよ。でもみんなの前ではしないようにしているの〟と書いてあった。

小さい頃、私は母が完璧で上品で見上げるような存在だと思っていた。

しかし、全てがわかってしまった今、なぜか笑えてしまう。

四歳ごろの話だったかなァ。〔モモエ・高一女〕

「この親にしてこの子あり」という言葉がありますが、この作文を書いてくれたモモエさんは、上品で清楚な感じの少女です。質問に対しても、素直に、そして適確に答えてくれました。


――四歳ごろとありましたが、そのころ、もう字が書けたんですか。

「字が書けるようになったのは幼稚園のころですから、この話も幼稚園か小学校低学年のころだったと思います」

――手紙で聞いたのは、面とむかっては聞きにくかったからですか。

「それもあったかもしれませんが、もともとわたしは手紙が好きで、いつも母と文通していたんです。わたしが何か手紙を出すと、母はいつも返事をくれました。きれいな封筒にはいった手紙を受けとるのが、たいへん楽しみでした」

――そうだったんですか。

「母は今でも、わたしの手紙を全部保存していると思います」

――すると、この時の手紙も残っているんですか。

「と思うんですけれど、見たことはないです」

――お母さんからの返事は残っていないんですか。

「それはとってないです」

――ところで、お母さんがオナラをしないということに気づいたのは、どうしてですか。

「父は人前でも平気でしてたんです。それに自分がするのは、自分でわかりますから」

――手紙を出した時は、かなり気になっていたんですか。

「別に深刻に悩んでたわけではないんです。でも、数か月ぐらい気になっていたと思います」

――子どもには子どもの悩みがあると思いますが、あなたのお母さんは、そういうことに理解があったんじゃないですか。

「そうだったと思います」

――お母さんによろしくお伝えください。

「はい」

第二章〈補足と解説〉

子どもは小さな哲学者だ

アメリカの哲学者ガレス・B・マシューズが書いた『子どもは小さな哲学者』という本があります（新思索社、一九九六）。そこに、次のような話が出てきます。

夢中になって哺乳瓶をしゃぶっていたティム（もうすぐ六歳）がたずねた。「パパ、全部が全部夢だってわけじゃないってことが、どうしてぼくたちにはわかるの？」

いうまでもなくティムは、自分が夢中になって哺乳瓶をしゃぶっているのだと思っている。もし夢をみているのだとしたら、きっと夢中になって哺乳瓶をしゃぶっている夢をみているのだろう。現実に哺乳瓶をしゃぶっているのと、ただそう

いう夢をみているのと、どこがちがうのだろうか。……

このティム君の問いは、きわめて「哲学的」な疑問です。そして、マシューズのこの本には、子どもたちの、こうした哲学的な疑問がたくさん紹介されています。

本章〈作文⑥〉を書いたミユキさんも、子どものころ、そうした哲学的疑問を発し続けていた少女でした。ミユキさんは、そのことをよく覚えています。

しかし多くの人は、自分が子ども時代に、「哲学的疑問」を抱いたことを覚えていません。高校生でも、覚えている人と覚えていない人があります。また高校生ぐらいまでは覚えていても、そのあとは忘れてしまう傾向があるようです。

作家の川上未映子さんは、幼いころ、「哲学的な少女」だったようです。新聞記事によれば、祖父がなくなったとき、「死ぬのがわかってるのに、何で生れてきたん?」と尋ねて、母親の利江さんを困らせたそうです（朝日新聞二〇〇八年四月一二日夕刊「土曜スタディー」）。

新聞記事（宮坂麻子記者執筆）を、少し引用させていただきましょう。

未映子（三一）は、幼いころから哲学的な少女だった。
二、三歳のころ。家族で海に行った時の姿を、利江（五四）は忘れられない。姉も弟も海に飛び込んではしゃいでいるのに未映子だけは水に入らず、砂浜にじっと座って砂に絵を描いていた。絵を描きたいというより、描いた絵が波で消されるのを不思議がっているようだった。描いては消え、また描く。小一時間、同じことを繰り返していた。
「止めませんでしたけど、変ってる子やなあと想いました」

祖母と動物園に行った時は、帰宅しても水筒のお茶を絶対に捨てとしない。「お茶を捨てると思い出もなくなる」と主張した。

祖父がなくなった時は「死ぬのがわかってるのに、何で生れてきたん？」と尋ねて、利江さんを困らせた。

「理屈っぽい」と言われる未映子を、利江は決して否定しなかった。

「子どもはありのままに背てるのが一番やから」

川上未映子さんの場合、幼いころの「哲学的な問い」を、未映子さん本人が覚えていたというのではなく、母親の利江さんが覚えていたのです。しかも、利江さんの記憶は詳細で、子ども特有の心的世界をリアルに示しています。これは、きわめて珍しいケースだと私は思いました。

ニセ家族という疑惑

日ごろ身近に接している自分の家族は、ひょっとしたら「ニセモノ」ではないのか。——こんなふうな疑惑を抱く子どもがいます。この場合の「ニセモノ」というのは、何者かが家族そっくりの姿にバケているという意味です。これを仮に、「ニセ家族疑惑」と呼んでおきましょう。

もし成人が、そんな疑惑を口にすれば、あの人はどうかしている、あの人は「妄想」にとりつかれている、などと言われることでしょう。しかし、心身発達の途上にある子どもの場合、そんな疑惑にかられることも珍しいことではないようです。

ナミエさん（女子）は、「小さいとき、自分の母親がお面をかぶった他人に思え、お面をとろうとしたことがある」と書いています。

またヨシカズ君（男子）は、小学生のころ、学校から帰る途中、車に乗った父親に呼びとめられ、「乗れ」と言われました。しかし、誘拐犯人が父親の仮面をかぶっているのかと思いこみ、家まで走って逃げました。あとで家族から笑われた、と彼は回想しています。

本章〈作文⑦〉でリョウコさんは、自分以外の人間がロボットではないか、という疑惑を抱きました。リョウコさんは、母親もロボットではないかと疑っていましたから、これもまた「ニセ家族疑惑」として捉えることができます。

ところで、リョウコさんは、ロボットに「意識」はあると捉えていたのでしょうか。それとも、「意識」はないと捉えていたのでしょうか。この点を本人に確認しておかなかったことを、いま私は後悔しています。というのは、もしロボットには意識がないと捉えていたとすると、リョウコさんは、「この世の中で意識を持っているのは自分だけ」と考えていた可能性があるからです。

ナミエさんやヨシカズ君の「ニセ家族疑惑」や、リョウコさんの「ロボット疑惑」

は、かなり特殊な悩みに見えます。しかし、これらはいずれも、子ども特有の心的世界を表現しているものです。等閑視したり、一笑に付したりすべきものではない、と私は考えています。

第三章

コダワリと悩み

子どもというのは、妙なことにひどくこだわるところがあります。これは、少しでも子どもに接したことがある方なら、お気づきなっていることでしょう。

高校生の作文にも、昔、つまらないことにこだわっていたという回想が、しばしば登場します。

ここでは、「メンソレータムの少女の名前」が気になったキヨミさん、命がけで「マンホール」を踏んでいたダイキ君、消しゴムの使い方にこだわりがあったミサトさん、「布きれ」に思い入れがあったヨシキ君の例を紹介します。

〈作文⑨〉メンソレータムの少女の名前

あたしは、昔からあまりこだわる方じゃなかったけど、ある日、メンソレータムのパッケージにいる女の子の名前が気になって、一日中頭から離れない時があった。あと、サザエさんはエンディングのラストで何と言っているのだろうか、とか、森永のエンゼルマークのペッポポッパッというのは何を意味するのか、とか考えた。

あたしは昔からあまりこだわる方じゃなかったけど
ある日 メンソレータムのパッケージにいる女の子の
名前が気になって 1日中頭から離れない時
があった。
あと サザエさんは エンディングのラストで何と言って
いるのだろうか とか 森永のエンゼルマークの
ペッ ポッ パッ っていうのは何を意味するの
か とか 考えた。
でも わからなかった。
歩道の模様は気になった。正方形のマス目の模様
はマス目ひとつで一歩と歩きたかったが 歩幅が大き
くて 線を踏んでしまうと悔しい思いをした。

でもわからなかった。

歩道の模様は気になった。正方形のマス目の模様は、マス目ひとつで一歩と歩きたかったが、歩幅が大きくて線を踏んでしまうと悔しい思いをした。

あと、マンホールはよけて歩いた。なぜだかわかんないし、ここまでする必要はないじゃないかと、自分が心配になった時もあった。

円いのが恐かったのかなァ、円＝穴で、落ちるっていうイメージがあったんだと思う。円の模様の坂道があって、端をずっと歩いていた記憶がある。

今思えばくだらないねえ。〔キヨミ・高一女〕

メンソレータムの少女の名前で悩んだキヨミさんは、子ども時代のことを細かいことまで、実によく記憶していました。話題も豊富で、思わず話がはずみました。

――メンソレータムの少女の名前というのは、モデルになった少女の名前ということですか。

「そうではなくて、あの少女には何か愛称がつけられていたと思うんです。CMで、その愛称を紹介していたと思うんです」

——結局、その名前はわかったんですか。

「わからなかったんです。いや、一度わかって、また忘れてしまったのかもしれません。そう言われると、また気になってきますね」

——わからない場合は、どうするんですか。

「友達に聞きまくったり、思いだそうと努力したり。わからない一日中それで悩んでました」

——サザエさんのエンディングというのは、サザエさんがノドをつまらせて、何か言っているやつですね。

「そうです」

——サザエさんについての疑問は、いろいろな生徒が書いていました。カツオ君は、どうやってTシャツに頭を通すのか、とか。

「なるほど。とにかくあの番組は、罪な番組だと思います」

――マンホールも、多くの子どもがこだわっているようです。あなたの場合は、踏まないようにしてたんですか。

「時によって違ったですね。踏む場合はマンホールが島で、道路が海という気持ちで歩いていくんです。マンホールを穴というふうに見たときは、踏まないように歩くんです。そのほか、踏んでよいマンホールと踏んではいけないマンホールという区別もあったと思います。

――横断歩道ではどうだったですか。

「横断歩道も、日によって白い所を歩いたり、黒い所を歩いたりしました。最初にその日の方針を決めるわけです」

――円の模様の坂道というのは何ですか?

「急な坂なんかで、コンクリートの表面に丸い滑り止めがついていますよね。あの模様を踏まないように歩くんです。踏むように歩くこともあります。踏みながら歩くと、どうしても斜めに歩くことになって時間をとられました。端を歩くのが一番早いです」

――こういうこだわりについては、おとなに話したりしましたか。

「絶対に言いませんね。もし言ったとしても相手にされないか、バカにされるかでしょう」

――おとなというのは、子どもの世界を理解できないんでしょうか。

「そう思います。おとなの世界と子どもの世界は、まったく別だと思います。おとなはそのことに気づいていないんじゃないですか。もっともこれには、子どもが、おとなにはおとな向けの子どもの姿しか見せていないせいもあると思いますけど」

――「おとな向けの」というと？

「おとなというのは、子どもはこうだろうとか、こうあるべきだとか、自分で子どものイメージを作って、それを子どもに要求します。子どもの方は、それに合わせて、みせかけの子どもの姿を演じるわけです」

――作文や絵日記はニセモノですか。

「もちろんニセモノで、本心なんかは少しも入っていません。親が喜びそうなことや、先生がほめてくれそうなことを、子どもはよくわかってますから、それに合わせて書くんです」

――自分でつける日記なんかは、どうなんですか。

「私の場合、部屋にある日記もおとな向けでした。親がだまって読むかもしれないですから」

――じゃあ、本心を書くことはないんですか。

「私は、ふつうの日記のほかに、秘密の日記をつけてました。これは誰にも読めない秘密の文字で書きました」

――秘密の文字？

「少女雑誌に妖精文字というのが出てたんですが、それを改良して自分で文字を作ったんです」

――そういうことをしていたのは、あなたぐらいでしょうね。

「妖精文字は、けっこうみんな使ってましたよ。それで手紙のやりとりなんかしてましたから」

――ところであなたは、子どもの頃、おとなになりたいと思ってましたか。

「このままずっと子どもでいたいという気持ちがありましたが、おとなの世界についてのあこがれも強かったですね」

こだわりについて聞いているうち、いつの間にか「子どもの世界」へ引きこまれてしまいました。それにしても、なかなか興味深く、刺激的な話でした。

〈作文⑩〉マンホールの誘惑

ぼくは中二の時、ものすごい強迫観念にとりつかれてしまった。それは、自分のうちの前のマンホールのでっぱりの部分を足で踏まないときがすまないということである。

最初はじぶんのうちの前だけで済んだが、段々エスカレートして、あげくのはてにはマンホールを見るたびにでっぱっている部分を踏んでしまうようになった。友達から一時的にバカにされた。

悪　　地獄の強迫観念

ぼくは中2の時ものすごい強迫観念に
とりつかれてしまった　それは自分のうちの
前のマンホールのでっぱりの部分を足で踏
まないと気がすまないていうことである
最初は自分のうちの前のマンホールだけで済んだが段々
エスカレートしてあげくのはてにはマンホール
を見るたびにでっぱっている部分を踏んでしま
うように成った。友達から一時的にバカに
された　そしてマンホールを見ないように
しようと思うと余計見てしまい行動に走って
しまう　　それが約半年間続いた

そして、マンホールをみないようにしようと思ったが、そう思うと余計見てしまい、行動に走ってしまう。それが約半年間続いた。〔ダイキ・高一男〕

マンホールを踏まずにはいられなくなったことがあるダイキ君は、筋骨隆々としたスポーツマンです。まさか彼がそんなことで悩んでいたとは、と驚きました。

——強迫観念という言葉は、前から知っていたんですか。

「倫理の授業で聞いたのが最初です。自分のマンホールの経験が、まさにこれだと思いました」

——マンホールの「でっぱり」というのはどこのことですか。

「マンホールのふちの部分の厚くなっているところです」

——そこを踏まなくてはならない理由があるんですか。

「まったくありません。ウチの前にひとつマンホールがあって、何となく踏むくせがついてしまったんです」

――マンホールを踏むと縁起がいいという話もあるようですが。

「ボクの場合、何か縁起をかつぐということはなかったです。そういう話も知りませんでした」

――最初は、ひとつだけですか。

「そうです。最初は、ひとつだけです。そのうち、踏み方にこだわるようになり、目につくマンホール全部、というふうにエスカレートしていったのです」

――踏み方というと？

「くつの土踏まずのところで正確に踏まないと、気がすまないのです」

――マンホールをいちいち踏むのは、たいへんじゃなかったですか。

「非常にたいへんでした。マンホールを踏み忘れて、引き返したこともありました」

――交通事故になりかねないですね。

「もう少しで車に引かれそうになったことが、何回かありました。運転している人からどなられるのは、しょっちゅうでした。マンホールを見ると、反射的に踏もうとしますからね。特にあぶなかったのは、ウチからしばらく行った曲り角にあるマンホールで、ここは車の数も多く、踏むのは命がけでした」

――そういうことをして、自己嫌悪にならなかったですか。

「もちろんなりました。どうしてこういうバカなことをやっているのかと、しょっちゅう思いました。それでもやめられなかったですね」

――友だちからもヘンに思われたんじゃないですか。

「もちろんですよ。お前はアブナイとか、ずいぶん言われました」

――やめたキッカケは何ですか。

「やっぱり、こんなことをやっているとアブナイと思われるし、つきあってもらえなくなると思ったことでしたね」

――命よりはヒトの目ですか。

「そういうことですかネ。とにかく、やめられてホッとしてますよ」


マンホールの話は、〈作文⑨〉にも出てきました。なお、本章〔補足と解説〕の「子どもと強迫性障害」をご参照ください。

〈作文⑪〉消しゴムの使い方にこだわる

私は小学生のころ、自分のものを人に使われるのがいやだった。特に長方形のケシゴムがいやだった。自分だけの使い方というのがあって、一箇所から使い始めたら、絶対にそこだけを使って使い終えなければ気がすまなかった。

ある時、友達が私のケシゴムを使っているではないか。それだけなら、まだガマンできた。しかし、何と、私が使っている反対の側から使っているではないか。

私はちょっと〝ムッ〟ときた。

今考えるとすごいこだわりだと思う。

あと、うちにはカワイイので使えないケシゴムが今でもある（香り付きなど。今、絶対に売ってない！）。〔ミサト・高一女〕

消しゴムにこだわったというミサトさんは、明るくシッカリとした少女です。この作文を読んで、やや意外な気がしました。質問に対しては、いつものように、明るくシッカリ答えてくれました。

――消しゴムには、今でもこだわっていますか。

「今でも少しはあります」

――当時こだわっていたのは、消しゴムだけですか。

「消しゴムだけではなく、筆箱に鉛筆がキチンと並んでいないとイヤとか、いろいろありました。教室の机の列が一直線になっていないのもイヤでした。本を読むとき、よくなめてめくる人がいますが、あれもイヤでした。ページの端を折るのもイヤですね。それから、消しゴムで消したあと、字のへこみが残るのも気になりました」

――そういうことにこだわるのは、自分だけだと思っていましたか。

「自分だけだとは思っていませんでしたが、わたしの場合は少し気にしすぎかなァと思ってました。授業中なんか、何か気になりはじめると、それだけで頭がいっぱいになって、とても授業の内容など入らなかったです」

――いつごろ、そういうこだわりはなくなったんですか。

「中学に入ったあたりから、あまり気にしなくなったと思います」

――いつの間にか、という感じですか。

「というより、ほかにもっと悩まなければいけないことが出てきたんだと思います」

――「今だから言える悩み」ではない、新しい悩みということですね。

「そういうのもあります。それまでの悩みとは、悩みの種類が違ってきたというか」

――今、こういったコダワリで悩んでいる子どもがいたとしたら、あなたはどうアドバイスしますか。

「こだわりたいだけ、こだわらせておいたらいいんじゃないですか。そのうち、バカバカしいことにこだわっていたって笑えるようになるんですから」

――特にアドバイスはいらない？

「いらないと思います」

〈作文⑫〉命と同じくらい大切な布きれ

私は生まれた時から、あるパジャマの布が大好きだった。小さいころはそれをちぎって、寝る時も歩く時もいつも持っていた。

それは私にとって命と同じ程大切なものだった。しかし、ちぎるたびにだんだん少なくなっていき、もう机の半分ぐらいになってしまった。

その後その布はどこかに消えてしまっていたが、私が中二になって、六年ぶりに見つかった。もう手のひらの大きさの最後の布であった。

ついに私は学校まで持っていくようになった。私にとってはすばらしいものだったが、クラスのみんなにとっては不潔なものであった。

ある日クラスのK君が空へとばしてしまい、その布は二度帰ってこなかったのである。〔ヨシキ・高一男〕

この作文について話を聞きたいと言ったところ、ヨシキ君の顔に、ほんの一瞬、当惑の表情が浮かびました。しかし、質問に対しては、以下のように、明快、詳細に答えてくれました。

――パジャマの布ですが、もうパジャマの原形はとどめていなかったわけですか。

「そうです。ただの布のようになっていて、わりと大きいのが二枚ありました」

――机の半分の大きさになった時は、もう一枚になっていたんですね。

「その時もまだ二枚でした。両方で、机の半分ぐらいでした」

――外出のときは、そのたびにちぎっていたんですか。

「一度ちぎると、しばらくそれを持っていて、それがボロボロになってしまうと、またちぎるんです」

――何か模様がついていたんですか。

「白地に赤と黄色の模様がついていました」

――時々は洗ってましたか。

「本体のほうは時々洗ってました」

——一度なくなったと書いてありましたが？

「たしか引っ越しの時、どこかにしまい忘れて出てこなかったんです。でも、どこかにあるはずだと、ずっと気にはしていました。出てこなければ、それで忘れてしまったかもしれません」

——出てきた時はうれしかったですか。

「ええ、それは」

——それを学校にも持っていったんですね。

「そうです。その時、もう手のひらぐらいの大きさになっていました」

——その半分を、家に置いておくとかは、しなかったんですか。

「しなかったんです」

——K君が空へとばしたというのは？

「教室の窓から、外へ飛ばしてしまったんです」

——K君は、キミがその布を大事にしているのを知っていたんですね。

「そうです。知っててやったんです。いやがらせですね」

――そのあと、探しましたか。

「校庭とか、あちこち探したけど、見つからなかったです」

――ガッカリしましたか。

「しましたね」

――今では、もう気になりませんか。

「多少は気になりますよ。でもこれは、〝今だから言える悩み〟のうちに入りますね」

――〝今でも言えない悩み〟というのもあるんですか。

「五つか六つありますね」

――じゃあ、それもそのうち聞かせてください。

「ええ、そのうちね」

ヨシキ君にとって「パジャマの布」は、「以降対象」と呼ばれているものと言ってよいでしょう。以降対象（transitional object）というのは、イギリスの小児科医ドナルド・W・ウィニコット（Donald W. Winnicott）が提唱した概念で、乳幼児が特別の愛着を寄せる毛布、タオル、ぬいぐるみなどを指します。

ヨシキ君は、中学生にいたってなお、「パジャマの布」に愛着を寄せていたわけですが、この話を聞いても、私は驚きませんでした。十分にありうることだと思いました。いまだに「あるタオル」がないと眠れず、部の合宿や修学旅行の際も秘かにそれを持参した、と打ち明けている高校生の作文（女子）を、私は読んだ覚えがあります。

第三章〔補足と解説〕

子どもと強迫性障害

本章で紹介した悩みは、いずれもコダワリについての悩みでしたが、このうち〈作文〈作文⑩〉のダイキ君の悩みは、「強迫観念」という言葉によって理解できそうです。

辞書で「強迫観念」を引いてみますと、「考えまいとしても強く心にまとわりついて離れない不安・不快な考え」と説明されています（『明鏡国語辞典』第二版）。

この言葉は、今日では、ごく一般的な言葉として使われていますが、もともとは精神医学の用語です。厚生労働省のホームページには、次のような説明があります（https://www.mhlw.go.jp/kokoro/know/disease_compel.html）。

強迫性障害　強迫性障害では、自分でもつまらないことだとわかっていても、そのことが頭から離れず、わかっていながら何度も同じ確認などを繰り返すなど、日常生活にも影響が出てきます。意志に反して頭に浮かんでしまって払いのけられない考えを強迫観念、ある行為をしないでいられないことを強迫行為といいます。たとえば、不潔に思い過剰に手を洗う、戸締りなどを何度も確認せずにはいられないなどがあります。こころの病気であることに気づかない人も多いのですが、治療によって改善する病気です。……

ダイキ君の場合、「マンホールのでっぱりの部分を足で踏まないときがすまない」というのが強迫観念であり、「マンホールを見るたびにでっぱっている部分を踏んでしまう」というのが強迫行為ということになるのでしょう。

強迫性障害（Obsessive-compulsive disorder）などと言いますと、いかにも病気らしく聞こえます。事実、厚生労働省のホームページも、これを「こころの病気」として扱っています。

しかし、高校生が書いた作文を見てきた印象としては、子どものころ、「意志に反して頭に浮かんでしまって払いのけられない考え」（＝強迫観念）に陥ったことがある高校生は、かなり多いのです。〈作文⑨〉のキヨミさんが、メンソレータムの女の子の名前にこだわったのも、〈作文⑪〉のミサトさんが、消しゴムの使い方にこだわったのも、「強迫観念」という言葉で説明できるでしょう。

ところが、子どもにおける「強迫観念」や「強迫性障害」が、教育学的、心理学的、あるいは医学的な課題となったという話は、あまり聞きません。おそらくこれは、子どもにおける「強迫観念」や「強迫性障害」が一過性のものであり、本人の成長とともに忘れさられてしまう性質のものだからなのでしょう。しかし、こういった事象を、教育学者や心理学者が研究のテーマに選ばないという手はありません。心ある教育学者や心理学者が、この問題に関心を寄せてくださることを期待しています。

第四章

不安と悩み

この章では、「不安」に関する悩みを紹介します。子どもが抱く不安には、いろいろなものがありますが、そのうち最大のものは、おそらく「死に対する不安」です。死に対する不安は、だいたい次の三つのパターンに分けられます。①自分が死んでしまうことに対する不安、②家族が死んでしまうことに対する不安、③人間はなぜ生まれ死んでゆくのかという「哲学的」疑問、この三つです。

〈作文⑬〉を書いたワカコさんの不安は、②に入ります。③の不安については、すでに第一章でヒロシ君の作文を紹介しています〈作文⑤〉なぜヒトは死ぬのか)。

もちろん、このあと見る通り、「死に対する不安」以外の不安もあります。

以下、「愛犬の死」を恐れたワカコさん、「母の浮気」を心配したユリさん、「霊にとりつかれること」におびえたキョウコさん、「親の死に目に会えない」という不安にかられたハルカさんの例を見てみましょう。

〈作文⑬〉愛犬ヒミコよ死なないで

私は小学校にあがっても、一年生の終わりぐらいまではオネショをしていた。小さい時から私は、夜のトイレが怖かった。子どもなら誰でもそうだろうが、私の場合は少し違う。本当に、変なおばあさんを見てしまうのだ。だから昼でもそのトイレがこわかった。そのため、夜はトイレに行けずオネショをしてしまっていた。

これは母から聞いた話だが、私の足の甲には小さなホクロが一つある。幼い私は、ひょうきんものだった父に、「ゴミがついている」といわれて泣きながら「ゴミがとれない、とれない」と、ホクロをむしっていたらしい。幼稚園にあがっても、ずっとそれが気になって、くつ下を脱ぐたびに、私は悲しい気分にひたっていた。

私の幼い頃の悩みでは、これが最大だと思われる。私はおじいちゃんとおばあちゃんが大好きだった。それからその頃飼っていたヒミコという犬も。

私は幼い頃から死ぬことをおそれていた。特にこの二人と一匹の死を考えると夜もねむれなかった。

犬がねていればゆすぶって、「死んじゃった？　死んじゃった？」と泣いた。とつぜんお仕事中のおじいちゃんの所へ行って、「死なないで、死んだらだめ」などと不吉なことを言っていたらしい。

今考えてみればかわいらしいが、くだらない悩みだった。〔ワカコ・高一女〕

ワカコさんの作文には、オネショの悩み、ホクロの悩み、家族の悩みなどが含まれています。しかし、彼女の最大の悩みは、「死への不安」だったようです。本章「不安と悩み」で紹介したのは、そのためです。

この作文を書いてくれたワカコさんは、明るく個性的な少女で、インタビューに対しても、当時のことを豊かな表現力で語ってくれました。

――オネショで悩んでいたという女子は、多いような気がします。

「私のは、オネショとはちょっと違うんです。本当は目がさめているんですから」

――というと？

「一度は目がさめて、トイレに行かなくちゃあ、とは思うんですけど、トイレに行くのがこわいからベッドでしてしまうんです」

——じゃあ、わざとしてしまうんですか。

「まあそうですね。でも、一応ベッドのはじのほうでするんです。そのあと、まん中に戻ってまた寝なおすんです」

——それがあなたのいうオネショですか。

「そうです。知能犯でしょう」

——最大の悩みは「死」についての悩みですか。

「そうですね」

——「死」について悩んだというのは、いつ頃のことだったんですか。

「やっぱり小学校の一、二年だったと思います」

——家族の死だけでなくて、犬の死についても悩むところは子どもらしいですね。

「でも、ウチの犬は本当に死んだようになって寝るんです。足なんかダランと投げだして」——寝ているところをいちいち起こされて、犬はおこらなかったですか。

「もちろんおこってました。噛みつきそうになったこともありました。でも、イビキをかいてるときなんかは、もちろん起こさなかったですよ」

――今も、その犬は元気ですか。

「ヒミコですか、元気ですよ。でも今は、ウチにはいないんです。引っ越しのとき、よそに預けてしまったんです。今、ウチでは猫を二匹飼っています」

――その猫も起こしてるんですか。

「今は起こしてませんよ。でも、この猫もそのうち死んでしまうのかと思うと、今でもひとりで泣いてしまうんです」

ワカコさんが「死ぬこと」を恐れるようになったキッカケについては、聞きもらしました。

しかし、本章でこのあと紹介する三人の悩みは、どれもテレビ番組がキッカケでした。また、第五章〈作文⑰〉で紹介するキヨノさんの悩みや、第六章〈作文㉑〉で紹介するキミヨさんの悩みも、テレビ番組がキッカケでした。テレビの影響力は、なかなかあなどれません。

〈作文⑭〉母の浮気はワタシが防ぐ

私は小さいころ、すごくこわがりで（今もそうだけど）、TVとか本で、こわいのが見れなかったおくびょうな子どもだった。

あと、たぶんTVの影響だと思うけれど、親がケンカすると、私はすぐ、「ケンカするのはいいけど、離婚はしないでよ」と、ずっと言って泣いていました。

大ゲンカの後は、二人ともだまっているから、「もし、この状態がつづいて、母がふっと家にいなくなつたらどうしよう」とか大げさに思つてしまって、兄に「離婚なんかしないよね」と聞きまくっていた。

「離婚」とか「浮気」とかいう言葉にすごくこだわっていて、母が一人で出かけるとき、「絶対男の人としゃべっちゃだめよ」とか、「電車にのるときは男の人のとなりにすわってはだめ」など、でかける用意をしている母に、ぐだぐだお説教していました。

いま思うと、「こんな顔して浮気するわけないか……」と思う。〔ユリ・高一女〕

昔は気苦労が多かったユリさんですが、今は明るく話好きの少女です。当時のことを極めてよく記憶しており、いかにも楽しそうに回想してくれました。

――両親の離婚とか母親の浮気とかについて、一番心配していたのはいつごろですか。

「小学校一、二年です」

――テレビの影響があったというのは？

「そのころ、会社の社員旅行につれて行ってもらったことがあるんです。ふだんより夜ふかしして、大人と一緒にテレビを見てたら、男が人妻を誘惑するというような番組をやってて、つい真剣に見てしまったんです」

――それを見て、母親が浮気するんじゃないかと思いはじめたんですか。

「そうです」

――あなたがお母さんに浮気しないようにと言うと、お母さんはどういう反応をされてましたか。

「ハイハイって言ってましたね」

――娘が真剣に心配していることは、わかっておられたようでしたか。

「どうですかねえ。それで、忠告だけでなく、母親と一緒に出かけるときなんかは、なるべく男の人が母親に近づかないようガードしてましたね」

――ガードというと？

「電車で男の人が母親の隣にすわろうとすると、私が間に入ってその人をニラみつけるんです」

——変な子だと思われたんじゃないですか。

「そうでしょうね」

——ご両親のケンカいうのは、しょっちゅうあったんですか。

「小さいのから大きいのまで、よくやってました。そのたびに、離婚したらどちらにつこうかって悩みました。ケンカの後なんかに、父親がアイス買いに行こうか、なんて言うと、このまま私をつれて離婚か、なんて覚悟をきめました」

——想像力がすごいんですね。

「何でも、悪く悪くとってしまうんです。夜、親の帰りが遅いときなんかも、ついに親に見捨てられたか、なんて考えました。ひょっとして、本当はもう帰ってきていて、どこかに隠れているのかもしれない、なんてバカなことを考え、夜、兄と家じゅうを探したこともありました」

——どういう所を探すんですか。

「洗濯機の中とか、トイレとか、ベランダの下とか、そんなところです。今考えれば、絶対にいるはずのないところばかり探していたと思います」

――ところで、お父さんについては、浮気するという心配はしなかったんですか。

「全然しなかったですね」

――それはどうしてですか。

「浮気するって顔じゃなかったですからね。もっとも、今考えれば、母親のほうもおんなじなんでけど」

〈作文⑮〉霊にとりつかれてしまう

子どものころは、今考えればたいしたことではないことで、いろいろ悩んでいた。

そのころは霊とかそういうものを信じていて（今でも少しは信じているが）、交通事故があったとみえる電信ばしらの下の花たばを見たら、必ずといっていいほど心の中で「なむあみだぶつ」と言っていた。

その後ＴＶで、むやみやたらに拝むと霊がその人にとりつくということを知った時は、恐れおののき、家にあったお経の本を読んだり、お仏壇におせんこうをあげたりした。

　そしてまたTVで、「あなたの知らない世界」のようなこわい番組を見たときは、トイレなどで後ろに霊がいそうな感じがしたので、「ぼくらはみんな生きている」などの歌を歌って、家族からひんしゅくをかったのだった。〔キョウコ・高一女〕

――霊に関心を持っていたのはいつごろですか。

「四、五歳のころから小学校一、二年ぐらいまでです」

――テレビの影響が大きかったようですが、どんな番組を見てたんですか。

「夏休みとか、霊の特集をよくやってたんですが、それが一番印象に残っています」

――電柱のところの花束を拝むと霊がとりつくとかいうのは、そういう番組で知ったんですか。

「そうです」

――それを知るまであなたは、電柱の花束とかを拝んでたんですか。

「別に手をあわせて拝んでたわけではないんですが、目につくと必ず心で拝んでました」

――お経を唱えたと書いてありましたけど、あなたはお経が唱えられたんですか。

「私のおじいさんはお坊さんなんですけど、ウチにおじいさんがくれた絵のお経があったんで、それを読んでました」

――絵心経（えしんぎょう）といって、絵文字で書かれた般若心経があるけど、それのことなのかなァ。

「その絵文字のだと思います」

――ひとりでお経を唱えている子どもというのも珍しいですね。

「もうひとり、小学校の友だちが、やっぱり霊に凝っていて、ふたりで唱えていたんです」

――トイレで、「ぼくらはみんな生きている」を歌っていたそうですが、この歌はどういうところがいいんですか。

「明るいし、大声で歌えるし、ワタシは生きてるんだというところがよかったですね」

――生きてるんだ、と言っていれば霊は来ないということですか。

「そう思ってました」

――そのほかには、どういう歌がいいんですか。

「サザエさんの歌なんかも、よく歌いました」

――家族の人は、なぜあなたが大声で歌っているのかわかっていたんですか。

「どうなんですかねぇ。ヒンシュクをかってたのは間違いないですけど」

――そんな思いをするなら、こわい番組を見なければよかったんじゃないですか。

「ウチの人からも、こわければ見るなとか、ずいぶん言われましたけど、やっぱり見てしまうんですねぇ」

――今でも見てますか。

「見てます」

〈作文⑯〉 私は親の死に目に会えない

私がまだ五歳のとき、「くつ下をはいて夜寝ると、親の死に目に会えなくなる」という話を聞いた。まだ私はその言葉の意味がよくわからなくて、親はもちろん、近所の人々にまで聞きまくった。

いろいろな人に聞いて、親が死んでしまうときに自分は会えないとわかった。そのときから私は、くつ下をはいて寝ることを異常に嫌がった。寒い日に毛糸のくつ下をはいていても、寝る前には必ず脱ぎました。

が、しかし、ある寒い日の夜、私は例のごとく毛糸のくつ下をはいていた。しかし、あるドラマを夢中で見ていた私は、ウトウトしてきてそのまま眠くなり、布団の中にはいってしまった。そして、そのまま朝をむかえてしまった。

翌朝、目がさめて自分の足先に目が行った。その瞬間、私は驚きと恐怖で目の前が真っ暗になった。

とたんに私は両親が死んでしまうところを想像して、ポンキッキの時間も忘れてしまうほど大泣きした。

その日から小学校四年までの約五年間、私の長いい自分との戦いが続いた。私は悩み、親が死にそうになったら、病院の玄関の前にテントをはってそこでくらそうかと

今だからいえるくつ下についての思い出

私がまだ5才の時「くつ下をはいて寝ると親の死ぬ目に会
えなくなる。」という話をきいた。また私は、その言葉の意味がよく
わからなくて親はもちろん近所の人々までに聞きまわった。
色々な人に聞いて親が死んでしまう時に自分は会えない
とわかった。その時から私はくつ下をはいてねむる事を
異常に怖がった。寒い日に毛糸のくつ下をはいていても
寝る前には必ずぬいでいた。が しかし、ある寒い日の夜
私は例のごとく、毛糸のくつ下をはいていた。(その夜から
私の長い自分との戦いがはじまった。) しかし、ドラマにわけ
もわからず熱中して夢中で見ていた私であったが うと
うとしてきて そのまま ねてしまい 布団の中に入ってしまった。
そしてその未来まで考えてしまった。
翌朝目ざめて自分の足元に目がいった。その瞬間
私は驚きと恐怖で目の前が真暗になった。ボーッ
とした人に私は両親が死んでしまう所を想像して、
何の時間も忘れてしまう程、大泣きした。その日から小学
校4年までの約5年間、私は悩み、親が死にそうになったら
病院の玄関の前にテントをはってそこでくらそうとか ごーす
カメラをとりつけて、家でずっと見張りをしようとか途方もな
い考えを思いつきながら毎日をすごしていた。
でも今は平気でくつ下をはいてねている。(冬だけ)

か、テレビカメラをとりつけて家でずっと見張りをしようかとか、途方もない考えを思いつきながら毎日をすごしていた。

でも今は、平気でくつ下をはいて寝ている（冬だけ）。〔ハルカ・高一女〕

文章を読んで、ハルカさんは、きっと口の達者な人だろうと想像しましたが、会ってみますと、言葉を慎重に選んで話す、控え目な少女でした。

——その当時、「死に目に会えない」ということの意味は、理解していましたか。

「一応、わかってたと思います」

——親が死ぬかもしれないという不安もあったんですか。

「それはあまりなかったと思います。それより、うっかりくつ下をはいて寝てしまった自分を責める気持ちのほうが大きかったと思います」

——すると、あなたが親の死に目に会える方法を考えたというのは、その失敗をカバーしようとしたのでしょうか。

「そうかもしれませんね。今から考えれば、ということですが」

——その夜、見ていた番組は覚えてますか。

「何とかサスペンス劇場という番組だったと思います」

——おもしろかったんですか。

「そうだったんでしょうね」

——そのときから、五年間も悩み続けたそうですが、日常生活には影響は出なかったですか。

「特に出なかったと思います。悩み続けたといっても、ひとりで考え事をしているときなんかはそのことを考えますけど、ふだんの生活は別にどうということもなく送っていましたから」

——この悩みから解放されたのは、どういうキッカケからですか。

「心境の変化ですね。親の死に目に会えるかどうかは、運命で決まってるんだ、会えなければ会えないでしょうがないじゃないかって考えるようになったんです」

——運命は人間の意志では動かせないということですか。

「そうです。親の死に目に会うための努力というのは意味がないと思いました」

――すると、くつ下をはく、はかないも無関係ということになりますね。

「そうです。そんなことで運命が変わるはずがないと思いますね」

――そう考えれば、過去の失敗にこだわる理由もなくなるわけですね。

「そうです」

――今はくつ下を履いて寝ているようですけど。

「いつもは履いてませんよ。冬の、それも寒い時だけですよ」


ハルカさんの「親の死に目に会うための努力というのは意味がない」という開き直りには恐れ入りました。この「開き直り」については、本章の〔補足と解説〕「子どもと思想的開き直り」をご参照ください。

第四章〔補足と解説〕

死の不安と哲学的疑問

第二章〔補足と解説〕で私は、「子どもは小さな哲学者だ」という文章を書きました。以下は、その「続き」にあたります。

高校生の回想によりますと、子どもが最も「死の不安」を意識するのは、夜、眠りにつく時のようです。たとえばユウカさん（高一女）は、「私は小さい頃、必ず毎晩ふとんの中で心臓が動いているかどうか手を当てていました。少しでも心臓の動きが静かでおそいと、今に止まってしまうかも……と不安で眠れなくなった」と書いています。このほか、「次の朝、また目がさめるだろうか」と心配したと書いている生徒もいました（性別不明）。

夜、眠りにつく時、「死の不安」にかられるというのは、子どもにとって「入眠」

考えられます。

というのは、「一種の死」だからでしょう。「死の不安」が、入眠をさまたげていると

ヒロシ君は〈作文⑤〉で、「眠れない時はいつも、なぜ人は死ぬのかという疑問にぶつかっていた」と書いていました。これは、言い替えれば、「なぜ人は死ぬのかという疑問にぶつかった時は、いつも眠れなかった」ということになるでしょう。おそらくヒロシ君は、眠れないので死について考えたのではなく、死について考えたために眠れなくなったのでしょう。

「子どもは小さな哲学者だ」の中で私は、ガレス・B・マシューズの『子どもは小さな哲学者』という本を援用しました。同じ本でマシューズは、次のようなことを述べています。

六歳のジョンは、「ぼくのおもちゃ、ぼくの手、ぼくの頭」というものがあることを考えていて、「ぼくのどの部分が本当のぼくなの？」と質問しました。ジョンがこういう質問をした背景には、自らの「生存」にかかわる不安が存在していた。すなわち、この少し前、家で飼っていた愛犬の死という事件があったのである。――

マシューズは、ここで、子どもの哲学的疑問の背景に、みずからの「生存」にかかわる不安が存在している可能性を指摘しています。示唆に富む指摘だと思います。

このマシューズの指摘で思い出すのが、幼いころの川上未映子さんの言葉です。彼女は、祖父がなくなったとき、母親に「死ぬのがわかってるのに、何で生れてきたん?」と尋ねました（「子どもは小さな哲学者だ」参照）。恐らく、この哲学的疑問の背景には、祖父の死という事件をキッカケとして生じた、みずからの「生存」にかかわる不安があったのではないでしょうか。

子どもの思想的開き直り

「なぜ人は死ぬのか」で悩んだヒロシ君は、最後に「人間は生まれてくるから死ぬんであって、死んでいくから生れてくる」という答を得ました（第二章〈作文⑤〉）。「親の死に目に会えない」ことで悩んだハルカさんは、「親の死に目に会えるかどうかは、運命で決まってるんだ」と考えて悩みから解放されました（本章〈作文⑯〉）。

次章〈作文⑰〉で紹介するキヨノさんは、「ウソをつくと地獄におちる」と信じ、ウソをつくたびに仏壇を拝んでいましたが、あるとき、「一度ウソをつくのも二度つくのも同じだ」と開き直りました。

これらの例は、悩んできた子どもが、思想的に開き直る（強引に思想的な解決を図る）ことがあることを示しています。これを私は、「思想的開き直り」と呼びたいと思います。

ハルカさんの例は、「思想的開き直り」の典型です。ハルカさんは、「親の死に目に会えるかどうかは、運命で決まってるんだ」と開き直り、また「親の死に目に会うための努力というのは意味がない」と開き直っています。まさに、思想的・宗教的な開き直りです。

浄土真宗の開祖・親鸞（しんらん）は、人が極楽往生できるのは、阿弥陀の力によるものだとし、極楽往生のための努力＝自力作善（じりきさぜん）を否定しました。いわゆる「他力本願」です。親鸞は、人が極楽往生できるか否かは、その人の宿業（しゅくごう）によるということも言っています。

ハルカさんの話を聞いた私は、この親鸞の思想を連想しました。

ヒロシ君、ハルカさん、キヨノさんの作文・インタビューを読まれた読者の中には、子どもが果たしてこれほど深刻に悩むものなのか、その悩みを「思想的に」解決するなどということがありうるのか、と疑われた方もおありでしょう。そうした作文に接したり、それを書いた本人たちから話を聞いたりしなければ、恐らく私も同様の疑いを抱いたことでしょう。しかし、今は違います。今は、子どもが深刻に悩んだり、その悩みを「思想的に」解決したりすることは、十分にありうるという実感を持っています。

第五章

罪悪感と悩み

本章では、罪悪感を伴う悩みを紹介します。

子どもは、いろいろなことで、けっこう深刻な罪悪感を抱くことがあるようです。代表的な罪悪感として、「ウソをついてしまった」というものがあります。また、「物をこわした、物をなくした」というものもあります。

そのほかに、イジメに対する罪悪感もあります。いじめっ子が、過去のイジメに対する罪悪感で悩むケースです。このケースは、第七章「イジメの悩み」で紹介したいと思います。

以下、本章では、「ウソをつくと地獄に行く」と信じたキヨノさん、かつて「大ウソつき」だったサキさん、生き物で殺してきたことに罪悪感を抱くようになったミワさん、委員のバッチをなくしてしまったミサコさんの各例を紹介します。

〈作文⑰〉ウソをつくと地獄に行く

幼稚園のころ、マンガ日本昔話を見て、ウソをつくと地獄に行くという話があっ

今だからいえる子供の頃の悩み

幼稚園のころ
　マンガ日本昔話を見てウソをつくと地獄に行く
という話があった。マンガに出てくる主人公は今から考える
と本当に小さなウソなのに針の山とか血の池の中で
もがいていて最後には舌を切られていた。
当時私はあまり人と話す方ではなかったが幼稚園
卒業する2年の間一回もウソはつかなかった。
小学校入学から性格がかわりよく話すように
なったので、ウソをつく機会が増えた。
その度に夜寝る前「ごめんなさい」と仏だん
の前であやまっていた。幼ない頃はそれが
気になってしゃべらない日もあった。
つまらないことだけどその頃はただ地獄へ行き
たくないということが望みだった。
(それ以来マンガ日本昔話は大嫌いです)

た。マンガに出てくる主人公は、今から考えると本当に小さなウソなのに、針の山とか血の池の中でもがいていて、最後には舌を切られていた。

当時私は、あまり人と話す方ではなかったが、幼稚園卒業する二年の間一回もウソはつかなかった。

小学校入学から性格がかわり、よく話すようになったので、ウソをつく機会がふえた。

その度に夜寝る前、「ごめんなさい」と仏だんの前であやまっていた。幼い頃はそれが気になってしゃべらない日もあった。

つまらないことだけど、その頃はただ地獄へ行きたくないということが望みだった（それ以来、マンガ日本昔話は大嫌いです）。〔キヨノ・高一女〕

キヨノさんは、明るく人当たりのよい少女です。昔「ウソ」のことで悩んだなどとは想像もできません。質問に対しては、笑顔でハキハキと答えてくれました。

ですね。

――「マンガ日本昔話」というのは、テレビアニメの『まんが日本昔ばなし』のことですね。

「そうです」

――あのアニメは、そんなに影響力があるものですか。

「あれは、音楽とか声とか、すごく雰囲気を出しますからね。こわいですよ。あれ以来一度も見たことはありません」

――子どもにふさわしい、いい番組だと思っているのはおとなだけですか。

「そうでしょうね」

――迷信などは信じるほうですか。

「そうです。素直な人間ですから」

――たとえば、どんなものを信じてましたか。

「午後に靴をおろしてはいけないとか、ひとの回りをぐるぐる回ってはいけないとか、ザルをかぶると背が伸びないとか、そんな感じのです」

――ウソをつきたくないので口をきかない日もあったというのは、相当なものですね。

「ええ、でも本当にそういう時があったんです。絶対に地獄には行きたくないと思ってましたから」

——ウソをついてしまった時は、仏壇に手を合わせたということですが、親にヘンだと思われなかったですか。

「親には気づかれないように拝みました。夜寝る部屋に仏壇があるんですけど、ふとんにもぐつて、ちょっとこうスキマをあけて、仏壇に向かつて拝むんです」

——親には秘密ですか。

「もちろん秘密です。そんなことを言えるわけがありません」

——この悩みから脱却したのはいつ頃ですか。

「小学校二年ごろですね」

——どういうきっかけだったんですか。

「一度ウソをつくのも二度つくのも同じだと思ったんです」

——どっちにしても地獄におちるんだということですか。

「そうですね。もうついてしまったものは仕方がない。仏壇を拝んでもダメだと思ったんです」

――なるほど。今では、ウソはつき放題ですか。

「そんなことはないですよ。人に比べたら、つかないほうだと思いますけど」

――あなたと同じようにウソで悩んでいる子どもは、今でもいると思いますか。

「いると思いますね」

――そういう子に対して、何かアドバイスがありますか。

「一度開き直って、大ウソをついてみろと言ってやりたいですね。そうすれば、気が楽になりますからね」

――見かけによらず大胆なことを言いますね。

「そうですかァ」

キヨノさんは、「開き直る」ことによって悩みから脱したようです。〈作文⑯〉のハルカさんのケース（私は親の死に目に会えない）とよく似ています。

〈作文⑱〉気がつくと大ウソつきになっていた

〝うそをついてはいけない〟その言葉をイイナガラ、気のせいだったのだろうが、教師がこちらをちらりと見た気がした。

初めてうそをついたのがいつだったかはもうわからないケド、私は気がつくと大ウソつきだった。まるっきりのウソもスパイスがわりのウソも自由自在。

「うちの担任の先生、すんごいこわいんだけど、この前、宿題忘れた男子バットでなぐって、その子、鼻血でちゃってー」（小二、ある朝の記憶）

んなわけない。頭を教科書でたたく程度だ。本人に悪気はないのだ。別にだましてやろうとか思っているワケではなくて、ああ、こうしたらもっと楽しいと話を自分の中で拡大させてしまうのだ。

それを口がかってにしゃべる。親の関心をひくためのカギッ子の悲しいクセだ。もちろんこのクセのおかげでおこられたこと何十回。がしかし、さすがにこの年になると、だいぶましになった。

ポロッと口に出してしまった場合、〝ごめんね〟と心の中でわびつつも、そっと話をそらす、それですむ。

にしても、あのウソがばれる時の恐怖を考えると、今でもぞくぞくしてしまう。

〔サキ・高一女〕

サキさんは、落ち着いていて表現力に富んだ少女です。子ども時代のことをきわめてよく記憶しているようで、どんな質問に対しても、ただちに明快に答えてくれました。


――一番ウソをついていたのはいつ頃ですか。

「小学校二、三年のことだと思います」

――どういうウソが多かったですか。

「一番多かったのは、その日にあったこととかを、おもしろおかしくというか誇張して話すやつです。話しているうちに、ウソの画面が出てきて、まるで真実であるかのように話せるんです。

——そういう場合、ウソという自覚はないんですね。

「いえ、やはりウソをついているという自覚もあるし、ヤマシサもあるんです。だから親なんかに矛盾を指摘されるとドキッとしてしまうわけです」

——親の関心を引くためだったんですか。

「そうですね。ウチは共働きで、親と一緒の時間が少なかったんです」

——そのほかには、どんな感じのウソを?

「あとは、自分の身を守るためのウソです。これは親におこられそうなときなどにつくんです」

——親にウソを見抜かれることは?

「よくありました。お前はウソツキだと言われ、ずいぶんおこられたものです。ウソだとわかっていても、親が聞き流していたこともあったんだと思います。ウチの親はわりと表情を出さないほうですから」

——友だちなんかにもウソをつきましたか。

「つきました。いつも一緒の友だちなんかだと、話してても話題がなくなっちゃうんですよね。そういうときにウソをつくんです。たとえば、ウチの押し入れには札束がギッシリつまっているとか。でも、そういうときは、これは絶対に秘密だよって念を押しとくんです」

――ところが、友だちはしゃべってしまう。

「そうなんです。黙っててくれればいいのに、ウチに来て、わざわざ母親に確かめたりするんです」

――ウソはいけないという気持ちはなかったんですか。

「もちろんありましたよ。でも、ウソは全部がいけないとは思っていませんでした。許されるウソと許されないウソがあると思っていました」

――というと？

「許されないウソというのは、誰かに迷惑がかかるウソ、それと他人の人格やプライバシーについてのウソです。それ以外のウソなら許されると思っていました」

――今でもそう思っていませんか。

「実はそうです」

――おとなもよくウソをつくとは思いませんか。

「そのとおりですね。今思えば、小さいころなんか、ずいぶんおとなにウソをつかれたと思います」

――それは、おとなのほうでも、子どもに対しては、許されるウソがあると考えているからでしょう。

「学校の先生なんか、ずいぶんウソをつきますね。子どもは黙ってますけど。それと、よく学校で、詩とか作文を書かせますよね。あれは、ウソを書けと言っているようなものだと思います」

――ウソを勧めているということですか。

「詩にしても作文にしても、事実ではないですよ。それらしく、もっともらしく書くだけですから。先生のほうも、ここはこう書いたほうがいいなんて、人の気も知らずに、平気で直したりしますからね」

――そういうのはカチンとくるわけね。

「そうです。口でつくウソはだめで、作文のウソは許されるっていうのは、どう考えても矛盾してます」

――ところで、今日の話は、まさかウソではないでしょうね。

「一応、ウソでないということで」

キヨノさんやサキさんの「ウソ談義」を聞いているうちに、子どもには子ども独自の「ウソ観」があるのではないかと思えてきました。少なくとも、子どもたちが単純に、「ウソはいけない」と思っているとは捉えることはできないようです。

〈作文⑲〉私が殺した生き物たち

ホントに「今だから……」という感じで話しますが、私は小さい頃とても残酷な人間でした。方法も様々……。

・だんご虫やゲジゲジなど、昆虫をビンにたくさん集めて、バクチクを入れてバラバラにする。
・カエルの口の中に花火を仕込んだり、おたまじゃくしを「ぷちっ」とつぶす。
・ナメクジをたくさん拾ってきて、道路に一列において車にひかせる。
でも私は鳥を飼ってて、すごーくかわいがっていたんです。「ピーコ」って言うんだけど、とっても頭が良くって、カゴを自分であけたりするし、肩に乗っても逃げないし、何といっても寝るときにはあお向けに寝るんです。

で、あんまりかわいいから一緒に寝たら、なんとつぶしてしまったんです（うー、なんてひどいことを）。

以来私は、生き物が死ぬ姿を、異様なほどいやがるようになってしまったのです。

今では、ワタシが殺してしまった生き物たちにたいして、本当に申し訳ないと思って、時々思い出しては心の中で謝っているんです。〔ミワ・高一女〕

ミワさんは、過去の「罪」を、いかにも申し訳なさそうに語ってくれました。

――虫なんかを殺している時は、やはり楽しいと感じているんですか。

「そうですね。殺すことに快感があったんだと思います。今考えれば恐ろしいことですけど」

――子どもっていうのは、だいたいは残酷なんじゃないですか。

「子どもぐらい残酷なのはいないと思いますね」

――飼っていた鳥が死んだのはいつごろだったんですか。

「小学校四年の時です。手のりインコで、すごくかわいがっていたんです」

――ショックだったでしょうね。

「すごいショックでした。自分が殺してしまったんで、よけいつらかったです」

――虫を殺すことに罪の意識を感じたのは、それ以来ですか。

「そうですね。それともうひとつ、そのころ海で虫を殺して、どうしようもないくらい、いやーな気分になったことがあったんです」

――海の虫というと？

「岩のところに、群れになってゾロゾロと歩いているやつです。それに何となく石をぶつけたら、一匹に命中して、「カリッ」というような音がして虫がつぶれたんです。本当にゾーッとして、その時から、もう絶対に虫を殺したりできなくなりました」

――あなたは、小学校では、いじめたほうですか、いじめられたほうですか。

「いじめたほうです」

――そうした昔のイジメに対しても、罪悪感があるんじゃないですか。

「あるなんてもんじゃないです。今からでもあやまりたいと思っています」

――イジメというのは、どうしたらなくなると思いますか。

「本人に、よくないことだって気づかせる以外ないですね。ただやめろと言っても、本人がきづかなければだめですね」

――気づかない人もいるんじゃないですか。

「気づかないというよりは、悪いと認めたくないんだと思います」

――虫の話からイジメの話になってしまいましたが……。

「関係はあると思います」

途中から、イジメの話になってしまいました。イジメに関わる悩みについては、このあと、第七章で取りあげます。

〈作文⑳〉なくした委員バッチ

小学校二年の頃、あのときは学校の規則というものはちゃんと守るよい子だったところがその当時、胸につけるバッチをなくしてしまって、先生にもなくしたの一言がいえず、こまってずーっと悩んでいた。

（誰でもそうだと思うけど）。

なんとか先生にばれないようにと思って、バッチのところをいつもかくすように服をはおったりしていた。

毎日びくびくしながら、小学校三年生になるまでかくしとおした。〔ミサコ・高一女〕

ミサコさんに話を聞いてみました。二〇〇字あまりの短い文章でしたが、その中に、さまざまな思いがこめられていたことがわかりました。

——これは何のバッチだったんですか。

「集会委員のバッチです」

——集会委員というのは、どういうことをする委員ですか。

「朝礼の時など、前に出て整列させたり、そういうことをやってたと思います」

——それは、選挙で選ばれたんですか。

「ちがいます。ジャンケンです。学級委員なんかは選挙で選んでましたけど」

——バッチをなくしたのを隠しているのは、つらかったでしょうね。

「毎日毎日、ばれないように、たいへん気をつかいました」

——いつかはばれると思ってませんでした?

「そうですけど、自分から言うことは、とてもできなかったんです」

——結局、ばれてしまったんですか。

「クラスに吉田君というおせっかいな子がいて、見つけられてしまったんです。帰りの会の時、手をあげて先生に言ってしまったんです」

――あせったでしょう？

「ブルブルっていう感じで、生きたここちがしなかったです」

――そのあと、先生に呼ばれましたか。

「呼ばれました。なんですぐ言わないんだっておこられました。でも、新しいバッチをくれたんでホッとしました」

――吉田君というのは、どういう子だったんですか。

「調子がいいというか、先生に受けようとするタイプでした。このあと吉田君とは一言も口をきいていません」

――今でも会うことがありますか。

「ときどき近所ですれちがいますが、もちろん無視してます」


新しいバッチをもらえたと聞いて、私も安心しました。ミサコさんは、今でも吉田君にはウラミがあるような口ぶりでした。

第五章〈補足と解説〉

ウソとサトラレの関係

やや古い話ですが、『サトラレ』というマンガが話題になったことがあります。これは映画や（二〇〇一）やテレビドラマ（二〇〇二）にもなりました。テレビドラマは、私も何回か視聴しました。

テレビドラマ『サトラレ』の主人公は、外科医の里見健一です。彼は、一千万人に一人という奇病を持っています。心の中で思っていることが、まわりの人にツツヌケになってしまう（「声」として聞こえてしまう）という病気です。「サトラレ」というのは、その奇病の通称ですが、もちろんこれは架空の病気で、実際にはそんな病気はありません。

そのころ、高校生の間の会話で、「サトラレ」という言葉が使われているのを、し

ばしば耳にしました。「アタシって、意外にサトラレだから……」といったふうに。この場合の「サトラレ」とは、「気持ちが表情に出てしまう」、「ウソがつけない」というような意味です。

この「サトラレ」という言葉で思い出したことがあります。精神医学に、「思考察知」(Mind reading) という用語があることです。これは、自分の考えていることが誰かに「読まれている」と思い込むことを意味する言葉です。

高校生が回想し「子どものときの悩み」の中にも、「思考察知」に近いものが見られます。例を挙げてみましょう（書き手の男女別は不明）。

＊小さいとき、「ウソをついても顔に書いてあるからすぐバレちゃうのよ」とお母さんに言われて本気にした。でも、鏡を見たけど書いてなかった。

＊小さいとき、いつも自分の思っているコトが他の人に知られていると思ってイヤだった。

＊ウソとかついて、もし、自分の頭の中を読める人がいたらこわいから、声に出さな

くても、頭の中でもウソをつかないとバレちゃうカモって思った。小さいときは創造力が豊かで楽しかった。

＊……小学校高学年になると、人ごみの中にいると、この大勢の人の中で誰か私の考えていることがわかってたらどうしようとか考えだしちゃって、しまいには、「今、私の気持ちが読める人がいたらセキをしろ」とか心の中で念じたりした。

いずれも、「思考察知」系の悩み、つまり「サトラレ」系の悩みと見てよいでしょう。このわずかな例から話を広げるのはどうかと思いますが、私は、子どもの成長の過程には、「内心」がそのまま他人に伝わってしまうと思い込む時期があるのではないかと思っています。この時期の子どもはウソつきません。ウソをつかない（つけない）「サトラレ」期です。

ところが、その後の成長過程のどこかで、子どもは、「内心」というものはそう簡単には人に悟られないこと気づきます。子どもか、ウソをつき始めるのは、おそらく、このあたりではないのでしょうか。

ウソをつかない（つけない）時期の子どもは、おとなの言葉を疑いません。親から「オマエは実は捨て児だった」と言われ、信じてしまう子どもは、おそらく、この時期の子どもなのでしょう（「捨て児」の話は、第六章で扱います）。

ところで、テレビドラマ『サトラレ』の主人公・里見健一は、医師としての職務にも支障をきたすこの奇病に悩み、無人島に逃れようとします。しかし、「ウソ」のない里見医師のすばらしさに気づいた患者や同僚が彼を引き止めます。

このテレビドラマには、「ウソ」の多い今の世に対する強烈な皮肉がこめられています。しかし、このテレビドラマが多くの視聴者を惹きつけた理由は、そうした「皮肉」ではない、と私は思いました。視聴者はむしろ、ウソを知らない「子ども」時代への郷愁を、このドラマに見出したのではないでしょうか。このドラマは、その点で多くの視聴者を惹きつけたのではないでしょうか。

第六章

家族の悩み

家族についての悩みは、だいたい次の三つのパターンのどれかに属するようです。

①家族の誰かが死んでしまうのではないか。
②家族が別れ別れになってしまうのではないか（父母が離婚してしまうなど）。
③自分のウチはなぜ貧しいのか。

本章で最初に紹介するのは、キミヨさんの作文ですが、そこには、この全パターンの悩みが入っています。

もちろん、このパターンに入りきらない悩みもあります。アサミさんは、自分が「捨て子」ではないかと悩みました。ミカさんは父親がいないことに悩みました。友だちの誕生祝いに呼ばれたミユキさんの「悩み」は（それほど悩んではいなかったようですが）、③のパターンに分類できるでしょう。

他の章で紹介した作文の中で、この章で紹介してもよかったものが、いくつかありますが、どれとどれがということを申し上げるには及ばないでしょう。

〈作文㉑〉家族の笑い顔も今のうち

一番覚えてることは、保育園にかよっていた頃に、お母さんに「うちはびんぼうか金持ちか」と聞いた時、「びんぼうよ」と言われたことだ。当時十円でもお金を持っていれば金持ちだと思っていたのに、うちには本当に金がないのだと思って、子どもながら、びんぼうという言葉に悩んだ。

小学校一、二年の頃は、よくカレンダーの裏に家の絵を書いて遊んでいたけれど、だんだんとここの部屋にはおじいちゃんとおばあちゃんが住んでと考えて書いているうちに、本格的に悩みだした。

今思うと本当にくだらないけど、家の部屋のとり方でねむれない日が続いてしまった。

あと、テレビで親が死んでしまったようなドラマを見て、うちがもしそうなったらと思い、思わず泣いてしまった。そんな自分にしゃくりあげて泣いて、それを見た親が笑っているので、笑っているのも今のうちだと思ってまた泣いた。

本当、今思うとくだらないけど、その時は真面目に悩んでいたと思う。小さい頃は何でも物を大きくとるんだと思う。

一番悩んだのは夫婦ゲンカをしている時、どっちにつくかということだったと思う。今だったらどっちもつかないけど。というのは、大きくなってみると、くだらない理由でケンカしているとわかったからだ。〔キミヨ・高一女〕

このキミヨさんの作文は、私にとっては思い出のある作文です。書き手にインタビューしてみたら面白いだろうということを思いつくキッカケとなった作文であり、実際にインタビューしてみて、実にたくさんの収穫が得られたからです。

――この作文には、びんぼう、家の間取り、親の死、親の離婚という四つの悩みが書かれていますが、やっぱり最後の悩みが、一番、深刻だったんでしょうか。

「いや、実際にはどれが一番ということはなかったです。それぞれ深刻だったといえば深刻だったし、どれも大した悩みでなかったといえば、大した悩みではなかったのです」

——親が死んだらと思って泣いたとありますけど、こういう場合、親は子どもが泣いている理由はわかっているんですか。

「もちろんわかっていません。なんで泣いているのかワケを言いなさいと言われたって、もちろん言えるはずはないですから」

——そうすると、親から見て、子どもがワケもわからず泣いているようでも、それなりに理由があることもあるということでしょうか。

「そういうことだと思います」

——家の間取りで悩んだそうですが、このとき、おじいさん、おばあさんは同居されていたんですか。

「いいえ、同居してなかったんです。それで子どもながらに家を新築して、おじいさん、おばあさんと住みたいと思ったんです」

——新しい家の設計図を書いてたんですね。

「そうです」

――結局、うまい間取りが思いつかなかったということですか。

「というか、家を建てるにはとてもお金がかかることがわかって、家の設計はやめてしまったのです」


キミヨさんの家族を思う、優しい人柄があらわれた作文であり、会話でした。

このインタビューを通して私は、子どもの世界を知ろうとする者にとっては、子どものころを回想した高校生の作文、そして、その本人へのインタビューが「導きの糸」であることを実感したのです。

〈作文㉒〉私はエビトリ川で拾われた

私の家のすぐ近くにはエビトリ川という川が流れているんです。

あるとき、おじいちゃんが私に「お前はそこのエビトリ川をダンボールに入って流されていたんで、おじいちゃんがかわいそうに思って拾ってあげたんだよ」と言いました。はじめはウソだと思ってたんですが、お母さんに聞いても、親せきのおじさん、おばさんに聞いても同じことを言うので、私は本当に信じてしまったんです。自分はお父さん、お母さんの子じゃないんだと思って大泣きしました。それで、あの「母をたずねて三千里」のように家出することに決めたんです。

小さいリュックにおかしをつめこんで家を出ていきました。まず幼なじみのヨーちゃんの家に行き二人で遊んで、その後「実は……」とエビトリ川で拾われた話をしました。ヨーちゃんもいっしょに家出してくれることになりました。といっても二人でままごとのようなことをしていたようです。

暗くなっておなかがすいたので、ヨーちゃんと二人でおかしをポリポリ食べていました。するとどこからともなくお母さんの「ごはんよー」という声。私はつられて帰って行ったそうです。でも、エビトリ川から拾われたと言われた時は、ショックで声がかれるほど泣いたんですよ。〔アサミ・高一女〕

右の回想を書いてくれたアサミさんは、おっとりしていかにも気が優しい感じの少女です。この回想について、インダビューをお願いしたところ、快く応じてくれました。

——エビトリ川というのは本当にある川ですか。

「はい、うちのそばを流れている川です。地図にも出ています」

——どこかの支流になるのかな。

「多摩川の支流です」

——拾われた子だと言われたのはいつごろだったんですか。

「保育園のころです」

——いつごろまで信じていたんですか。

「小学校三年ぐらいまでです」

——家出事件は保育園のときですか。

「そうです」

——ヨーちゃんというのは男の子ですか。

「そうです」

——あなたが拾われたという話を、ヨーちゃんは信じましたか。

「信じてました。親友だったですから」

——本当の母親をさがすつもりだったんだと思いますが、何か手掛かりはあったんですか。

「ぜんぜんなかったんです」

——そうでしょうねえ。ところで、おじいさんにせよ、ほかの人にせよ、あなたの家族は、なぜ、そんなイジワルなウソをついたんだと思いますか。

「……わからないです。……でも、かわいいからそんなことを言ってしまうんじゃないですか」

——かわいいと、悲しませてしまうんでしょうか。

「……すぐ信じてしまうのがかわいくてというのか、……いや、よくわかりません」

——かなり長い間、信じこんでいたようですけど、今になってくやしいとか思いますか。

「別に思いませんけど」

――そうですか。あなたは、将来自分の子どもができたときに、そういうウソをつくと思いますか、つかないと思いますか。

「やっぱり、ついてしまうかもしれません」

――自分が悲しい思いをしたのにですか。

「そうなんですけど……」

右のインタビューによると、ウソをつかれて傷ついたアサミさんは、なぜか、少しも家族を恨んでいないようでした。少し不思議な気がしましたが、それはそれで、いかにもありそうなことだとも思いました。

〈作文㉓〉なぜ私にはお父さんがいないの？

私は小学校一年生まで父親がいなかった。生まれる前に蒸発され、母親一人に育てられた。

幼稚園時代の三歳ぐらいまではなにもなくすごしていたが、もの心ついたころにふと不思議に思ったことがあった。おむかえにくるのをお友だちと一緒に待っていると、その子のお母さんらしい人とその隣に男の人が仲良く歩いて来て、そのお友だちが「パパ」と呼んでいた。

私は知らなかったので、幼稚園のおねえさんに聞いてみると、それは「お父さん」というもので、私にはいないものだとおそわった。

それから悩んだ。どうして自分には「お父さん」という人がいないのかな、と思い、母にたずねたりもしたが、母は困ってだまるばかりだった。

人に甘えたかった私は、毎日、くる日もくる日も考えた。母のお友だちの家のおじさんにも甘えたが、ずっと一緒じゃないとわかって、本当に悩んだ。

しばらくたって年長さんになり、なぜ自分に父親がいないのかを母親が教えてくれたとき、「どうして」と泣きわめいた。「どうして私だけいないの？　お友だちにはいるのに……私だけいないの？」と母を泣かしたこともあった。

悩んでも解決するものじゃないとわかったとき、子どもなりにすべてがいやになった。幼稚園にはずっといかないで、家でTVをみて、おかしをたべてボーとしてる毎日だった。

今思うと、一番つらかったのは私ではなくて、私につらいおもいをさせて、その時どうにもしてやれなかった母だったのではないかとおもう。自分は自分と子どもをやしなっていくために仕事をして、そしていろんな気持ちの中でがんばっていた母はすごいと尊敬する。〔ミカ・高一女〕

感動的な作文ですね。ミカさんがむかしの悩みを、こうした形で書けるようになるまでには、ミカさん自身の大きな成長があったのでしょう。短時間でしたが、インタビューに応じてもらいました。

——良い作文を読ませてもらいました。どうもありがとう。

「どういたしまして」

――作文には、「小学校一年生まで父親がいなかった」とありますが、そのあとは?

「小学校二年のとき、母親が再婚したんです。ですから、今はお父さんはいます」

――実のお父さんというのは、今でも消息がわからないんですか。

「そうなんです。ただ、親戚の人がいちど、電車の中でそれらしい人を見かけたといってました。むこうは顔をかくしていたそうです」

――会ってみたいですか。

「ぜひ会ってみたいですね」

――うらみとかは?

「ワタシはないです。それより、どんな人なのか、いちど会ってみたいという気持ちですね」

質問に対し、明るく簡潔に答えてくれました。作文から予想された通りの態度でした。

〈作文㉔〉ベンツ・豪邸・キュウリサンド

私は幼稚園のとき、一応、私立の幼稚園に行ってました。うちはキリスト教ではないのに、なぜかキリスト教の学校だったのです。

私立とかいっても、うちみたいな貧乏もいれば、お金持ちの子もいます。私はそのお金持ちの子と仲良くなりました。お金持ちの子とかいうと、性格が悪いとまずピンときますが、その子とはわりと気が合いました。

幼稚園のお迎えのとき、私は祖父が迎えに来ていたんですけど、その子のうちは何とお母さんがベンツで迎えにくるのです。私はびっくりしました。その子の家に遊びにいくときは、私もベンツに乗れるのです。ビックリしたけどちょっとうれしかった。

ある日、その女の子の誕生日に呼ばれました。私は考えました。何をプレゼントしたらいいかと。変な安いものとかあげたらいらないとか言われそうだし、と小さいながらもいろいろ考えました。結局、けっこう高価なものを買って持っていきました。

私はどんな誕生日かなと胸をふくらませて楽しみにしていました。で、その子の家に入るとすごく立派な雰囲気です。ああ、場違いな所にきたなあと思っていたけど、食事とかは、もう普通でした。というより普通より下という感じでした。サンドイッチにはキュウリしかはさんでいないし。

私の夢はこわれました。何日も悩んで買ったプレゼントなのに。〔ミユキ・高一女〕

ミユキさんは明るく活発な少女です。この作文について質問すると、よく聞いてくれたといわんばかりに、詳しく楽しく話してくれました。

――あなたの行った幼稚園はお金持ちが多かったんですか。

「場所が白金台でキリスト教系ですからね。来ているのは白金台とか三田とかの金持ちの子が多かったです。私の場合は、家に近いから行ってただけですけど」

――金持ちの子というのは性格が悪いんですか。

「性格が悪いというか、自慢する子が多い気がします。人の持ち物をけなすとか」

――この作文に出てくる子の場合は？

「レナちゃんていうんですけど、もう名前からしてお金持ちという感じでした。お金持ちはこういう名前をつけるのかって思いました。でも性格は悪くなかったです」

――母親がベンツで迎えにきてたんですか。

「そうなんです。うちはおじいさんに自転車で送り迎えしてもらってました。差を感じましたね」

――ベンツが高い車だってことは知ってたんですか。

「おじいさんが、あの車はベンツといって高いんだっていうんで、感心してました」

――その子の家はどんな家でしたか。

「さすがにベンツに乗ってるだけあって、ものすごくリッチでした。三階建ての一軒屋でした。レナちゃんの部屋っていうのがあって、そこにはあらゆるオモチャがそろってました」

――誕生会のプレゼントには何を持っていったんですか。

「安っぽいものじゃいけないって思ったんで、母親と相談していっしょにサンリオに買いに行ったんです。母親も負けてはいけないっていうんで無理しちゃったみたいです。買ったのは小さな引き出しとかでした。ひとつでいいのに三点も買ってしまったんです」

――すごいごちそうを期待してたんでしょうね。

「そうなんです。もう見たこともない豪華な料理が並んでいるのかと思って、緊張して行ったんです。そしたら、ウチなんかよりよっぽど質素でガッカリしました」

――キュウリのサンドイッチでは、モトがとれなかったですね。

「そうです。それが一番ショックでしたね」

――その子を、あなたの家へ呼ぶことはなかったんですか。

「ありませんでした。その子は自分の家に呼ぶ一方だったです。やっぱり自分の家を自慢したかったんだと思います」

——その子が、というよりおうちの人が、じゃなかったんですか。

「どうなんでしょう、そうかもしれませんね。そういえば、その子の母親には、幼稚園の帰りに、目黒のお好み焼き屋で、よくお昼をごちそうになりました」

——高級そうな所でしたか。

「そうです。なにしろ、目黒の駅前でベンツを預けてから行くんですから」

——たいへん楽しいお話でした。どうもありがとう。

「こんな話でよければ、ほかにもありますから、いつでも言ってください」

第六章〈補足と解説〉

「捨て児宣告」という民俗

何の罪もない子どもに向かって、「オマエは実は捨て児だった」と言い渡す親がいます。ここでは、この手の言い渡しを、「捨て児宣告」と呼んでおきたいと思います。「捨て児宣告」を受けた子どもがどれだけ傷つくかは、想像を越えるものかあります。〈作文㉒〉を書いたアサミさんは、捨て児だったと言われて泣き叫び、家出を決意しました。ただしアサミさんは、自分を悲しませた家族のことを別に恨んでいないと言っていました。

メイさん（高一女）の場合、アサミさんの場合と違って、あとあとまで母親を恨んだようです。作文によればメイさんは、ある日、母親に一枚の写真を見せられ、「ここにいる人があなたの本当のママよ」と言われました。しばらくしてから、「うそ」

と知らされましたが、「子ども心をずたずたにされた」と怒りました。ジュリさん（高一女）の反応は、また違ったものでした。ジュリさんは作文に、「捨て児の話ですが、自分はあまり信じなかった、というか相手にしなかった。本当の親じゃなくてもお金とゴハンさえ与えてくれればと思った」と書いています。これには絶句しました。子どものシタタカさをあらわしているのか、近未来の家族関係を先取りしているのか、とにかく驚きました。

それにしても、なぜ親は子どもをだますのでしょうか。なぜ子どもを不安に突き落すようなことをするのでしょうか。この問いに答えることは容易ではありませんが、今のところ私は、次のように考えています。

子どもが、親の「捨て子宣告」によって、当初、大きく傷つくことは事実です。しかし子どもは、いずれそうしたダメージから立ち直ります。子どもはその過程で、「本当の親」を再確認すると同時に、この社会にウソと真実が混在する現実を学びとります。つまり、この「捨て児宣告」というのは、古くからおこなわれてきた、はなはだ手荒な教育手法（子育ての民俗）ではないのでしょうか。——

私の知るかぎりですが、「捨て児宣告」についての調査としては、民俗学者の桂井和雄がおこなったものが最も早かったようです。桂井は、その調査結果を「お前の生れて来た処」（一九四五年五月）というエッセイにまとめています（桂井和雄『土佐民俗記』（海外引揚者高知県更生連盟、一九四八年一二月）。それによれば、捨て児が「発見」される状況・場所として、川から流れてきた、島から流れてきた、木の股、橋の下、お宮などがありました。桂井和雄は、戦中の一九四五年一月、海軍海兵団の団員、傷痍軍人など数十名を対象に、この調査をおこなったそうです。エッセイのタイトル「お前の生れて来た処」は、その調査の際に、桂井が用意した設問です。

私が、高校生から作文などの形で聞いたところでは、捨て児が拾われた事情は、「川から流れてきた」が最も多く、「橋の下で拾われた」がこれに次ぎました。「捨て児の民俗」は、ほぼそのまま継承されているようです。ただし、「木の股」は一件もなく、「コンビニで買った」、「自動販売機で買った」など、現代風のものが混じっていました。高校教員時代、本格的な調査をおこなわなかったことを、私は遺憾としています。現役の先生で、「捨て児宣告」に関心をお持ちの方がいらっしゃいましたら、ぜひ、アンケート調査・聞き取り等をこころみてください。

「貧富の差」と序列主義

〈作文㉑〉を書いたキヨミさんは、「びんぼう」という言葉で悩みました。〈作文㉔〉を書いたミユキさんは、ベンツで送り迎えされている同級生を見て、「貧富の差」を実感しました。このほか、小さいころ貧富の差に悩んだという作文は、少なくありません。

小学校二年まで、六畳一間の家に住んでいたタカコさん（高一女）は、近所の友だちの家をみて、「こいつはなんて金持ちなんだろう」と思ったそうです。そして、自分なりに「金持ち三原則」というものを作りました。次の通りです。

1　ペットを飼っている（金魚はだめ）

2　家におフロがある。

3　二階だての家

貧富の差をめぐる子どもの悩みついて考えようとするとき、まず問題にしなければならないのは、現に貧富の差が存在しているという事実です。しかも今日の日本では、その貧富の差が、さらに拡大しようとしています。これは日本の将来にとって、あるいは日本の子どもの将来にとって、憂うべき事態だと思います。しかし本書としては、今、この問題に立ち入ることはできません。

本書として考えてみたいのは、子どもたちの意識に入りこんでいる序列主義、競争主義という問題です。

子どもというのは、何かというと自分の持ち物（オモチャ、文具、衣類等）にこだわり、友だちとその優劣（価格、ブランドなど）を争います。自分が住んでいる家、乗っている乗用車、飼っているペットなどについても、その優劣を競うことがあります。こうした序列主義、競争主義の延長上に、いわゆる「有名校」を目指す受験競争があることは、見やすいところです。

貧富の差をめぐる悩みの原因は、もちろん、「貧富の差が存在する」という現実に求めなければなりません。しかし、そうした現実の中で、子どもたちの意識に、序列主義・競争主義が入りこんでいるということも、考えなければならない難しい課題です。

ところで、六畳一間の家に住んでいたタカコさんは、その後、３ＬＤＫの家に住むようになったそうです。悩みが解消した彼女に、私は聞いてみました。「もし今、家が貧乏で悩んでいる子どもがいたら、何と言ってやりたいですか」。彼女の答はこうでした。「そんなことで悩むな、何とかなる、家は貧しくても子は育つ。こう言ってやりたいですね」。ちなみに、最後の「貧乏でも子は育つ」というのは、タカコさんのオリジナル名言だということでした。

第七章

イジメの悩み

子どもは、友人関係でも、いろいろと悩んでいます。そうした悩みのうち最大のものは、おそらく「イジメ」の悩みでしょう。イジメとは、集団あるいはグループが、特定の個人を孤立させ、これに肉体的・精神的な攻撃を加えることです。

本章では、友人関係の悩み一般ではなく、イジメの悩みにしぼって、事例を紹介してみたいと思います。

以下、いじめっ子に対し反撃したタクロウ君、学校じゅうからイジメられたショウコさん、いじめていた女子から手紙がきたエリカさん、学校で大便をしたためにイヤガラセを受けたタイチ君の例を見てみたいと思います。

〈作文㉕〉ついに相手をタコなぐり

ぼくは、小学校一、二年の頃は、あまり友達がいなかった。なぜかというと、ぼくは、昔から気が弱かったからだと思います。それでよく、友達とかに泣かされていました。もう学校がいやになりました。

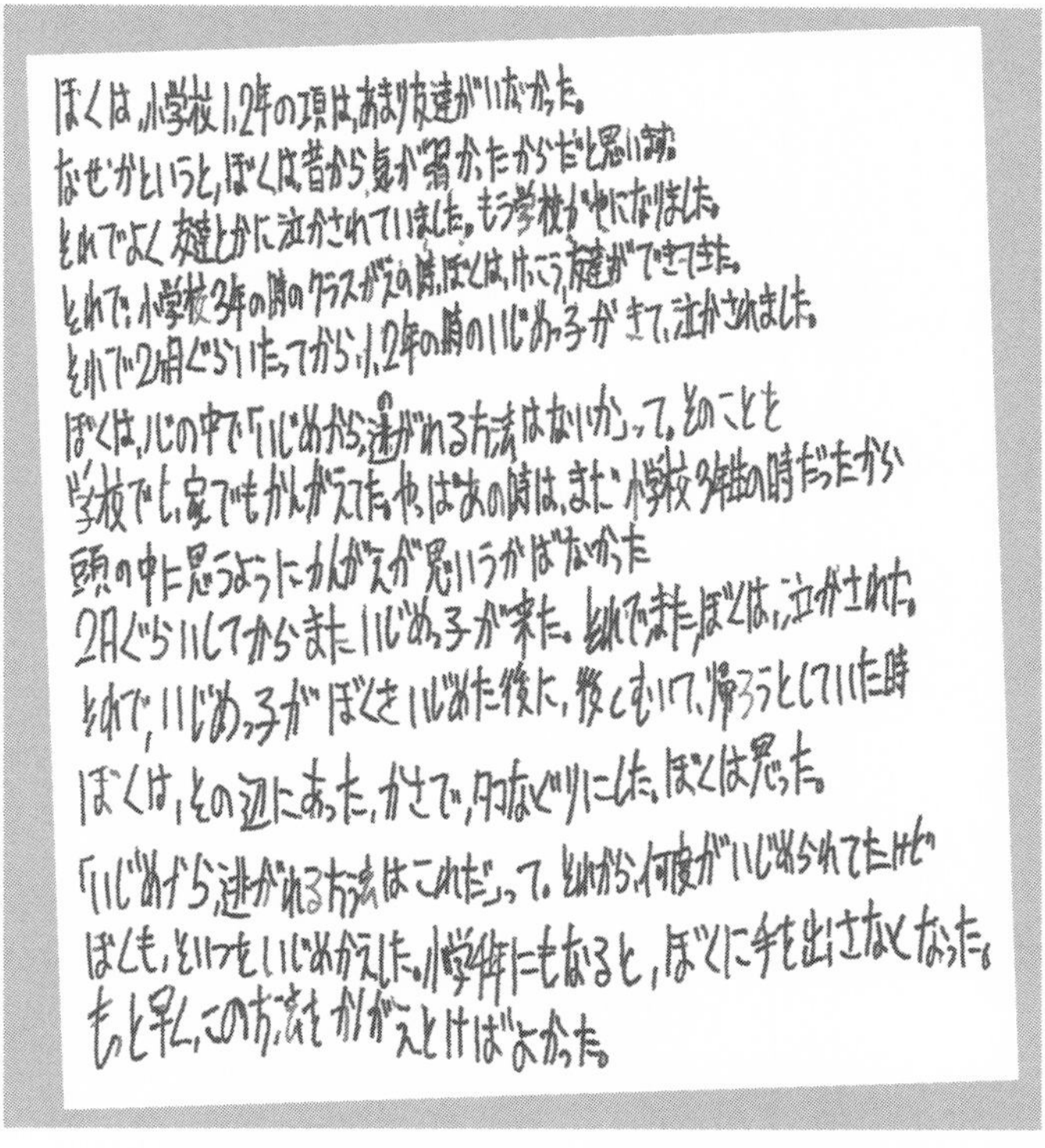

ぼくは、小学校1,2年の頃は、あまり友達がいなかった。
なぜかというと、ぼくは、昔から気が弱かったからだと思います。
それでよく友達とかに泣かされていました。もう学校がやになりました。
それで、小学校3年の時のクラスがえの時、ぼくは、けっこう友達ができてきた。
それで2ヶ月ぐらいたってから、1,2年の時のいじめっ子がきて、泣かされました。
ぼくは、心の中で「いじめから逃がれる方法はないか」って。そのことを
学校でも、家でもかんがえてた。やっぱあの時は、まだ小学校3年生の時だったから
頭の中に思うようなかんがえが思いうかばなかった
2ヶ月ぐらいしてからまたいじめっ子が来た。それでまた、ぼくは、泣かされた。
それで、いじめっ子がぼくをいじめた後に、後ろむいて、帰ろうとしていた時
ぼくは、その辺にあった、かさで、タコなぐりにした。ぼくは思った。
「いじめから逃がれる方法はこれだ」って。それから、何度かいじめられてたけど
ぼくも、そいつをいじめかえした。小学4年にもなると、ぼくに手を出さなくなった。
もっと早く、この方法をかんがえとけばよかった。

それで、小学校三年の時のクラス替えの時、ぼくは、けっこう友達ができてきた。それで二ケ月ぐらいたってから、一、二年の時のいじめっ子がきて、泣かされました。

ぼくは、心の中で「いじめから逃れる方法はないか」って、そのことを学校でも、家でもかんがえていた。やっぱあの時は、まだ小学校三年生の時だったから、頭の中に思うようにかんがえが思いうかばなかった。

二日ぐらいしてから、またいじめっ子が来た。それでまた、ぼくは泣かされた。それで、いじめっ子がぼくをいじめた後に、後ろを向いて帰ろうとしていた時、ぼくは、その辺にあった、かさで、タコなぐりにした。

ぼくは思った。「いじめから逃れる方法はこれだ」って。

それから何度かいじめられたけど、ぼくもそいつをいじめかえした。小学校四年にもなると、ぼくに手をださなくなった。もっと早く、この方法をかんがえとけばよかった。〔タクロウ・高一男〕

いじめっ子に立ち向かったというタクロウ君は、おとなしく目立たない少年です。作文を読んで先入観があったせいか、芯が強そうにも見えました。

——君をいじめた子は、何人いたんですか。

「三人でした」

——君よりカラダは大きかったんですか。

「そうです。ぼくはカラダが小さかったですから」

——三人ぜんぶをなぐったんですか。

「ちがいます。三人のうちのボスをなぐったんです」

——「タコなぐり」という言葉は知りませんでした。

「頭からボカスカやるのを、そう言ってますけど」

——ほかのふたりは、どうしたんですか。

「ほかのふたりは、驚いて逃げてしまいました。そのボスも泣いていました」

——いじめっ子への反撃は、前から考えていたんですか。

「いえ、その場にカサがあったんで、とっさにやってしまったんです」

――でも、前から、何とかしなくてはということは思ってたんでしょう?

「ええ、そうです。ただ、この日、こういう形で反撃することになるとは思ってもいませんでした」

――学校から家のほうに、この事件の連絡が行きませんでしたか。

「家に連絡がありました。親はビックリしてました」

――おこられましたか。

「スゴクおこられました。相手の家へあやまりに行かされました。でも本音は、ウチの子がまさかという感じだったと思います」

――君のやり方は、ほかの人にすすめられるものではないと思うんですが……。

「そうかもしれません。ぼくだって、やろうとしてやったわけではないんですから。ただ、いじめられても泣き寝入りというのは、良くないと思っています」

――この事件は、君にとっては、そうとう重要な事件だったといえますか。

「いえますね。この時、なぐり返さないでいたら、今の自分とは違う自分だったと思います」

〈作文㉖〉いじめられっ子のウラミは深い

私はいじめについて書きたいと思います。

一時とても流行したいじめも、最近はあまり聞かなくなりました。が、しかし、この前ニュースを見ていたら、また、いじめで自殺した子がいました。

なぜいじめるのか、といじめっ子に聞けば、「え？　みてるとイライラするから」とか「だってなんとなく……」とか「ゲームだよ、ゲーム」などと同じような言葉が出てきます。

では、一種のゲームなのに、なぜいじめられっ子は、悩み、苦しみ、恨みを残して、死へと歩いていくのでしょう。

ほんのゲームだったら、そこまで行くはずがありません。ありえないのです。だって、トランプのババ抜きをしていて、一番負けたからといって死んだりするでしょうか？

答はＮＯです。そうです、これはただのゲームじゃないのです。心は傷つき、何とも言えない毎日を送る。この気持ちがわかるでしょうか？　いじめっ子にはとうていわからない感情なのです。

実をいうと、私も小学校四先生から五年生まで、イジメられっ子でした。ごく少人数の学校で、もうほとんど学校中でイジメられたといっていいほどでした。

毎日がイヤでイヤでたまりません。しかし、親に心配はかけたくないので、ずっとだまっていました。足にアザができても「ころんだ」と言うしかないのです。顔にキズがあっても、「ころんだ」というしかありません。

何度も死のうと、死の道を歩こうと思いましたが、ひょんな所から復讐という感情が出てきました。逆に言えば、その感情があったからこそ、今の私があるわけです。「いつか殺してやる。そうよ、なぜ私が死ぬの？　あんたちが死ねばいい。いつか殺してやる。」そう自分に言いきかせました。

しかし、今は友達もたくさんでき、その傷も消えかけています。でも一つだけ忠告したい。いじめっ子はもっと気をつけた方がいい。なぜなら、いじめられっ子の恨みは根深く、今でもまだ、その根を伸ばしてるかもしれませんから〔ショウコ・高一女〕

四〇〇字詰めの原稿用紙で二枚をこえる長文です。その内容や文体に、ショウコさんの真面目な性格がうかがえます。

——あなたがいじめられたのは、何か理由があったんですか。

「きっと、なまいきだと思われたんだと思います」

——というと？

「わたしにはトシゴの姉がいるんですけど、その姉が気が弱いほうで、いじめられていたんです。わたしはそれが許せなくて、姉をいじめる子に向かっていったんです」

——お姉さんをいじめてたのは、あなたにとって上級生ですよね。すると、上級生に向かっていったんですか。

「そうです」

――相当やられましたか。

「だいぶ、こづかれたりしました。こちらも石をなげたりして抵抗しました」

――かなり強気な人だったんですね。作文を読んだときは、そのあたりは読みとれませんでした。

「抵抗したんで、よけいにいじめられたんだと思います」

――いじめられたのは、四年と五年の時ですか。

「そうです。六年になった時は、姉も、それをいじめていた連中も卒業してましたから、もういじめられることはなくなりました」

――今でも、ウラミは深いですか。

「深いですね。いじめられた子は、みんな同じだと思います」

――ウラミといえば、中学校時代にいじめられていた男性が、社会人になってクラスの同窓会を主催し、ビールに毒を入れて、クラス全員を毒殺しようとしたことがありました。さいわい、未遂に終わりましたが、当時、大きな話題になりました。

「その事件は聞いたことがあります。ああいうことは、いじめられっ子なら、みんな空想で考えていることですよ。実行する人はいないでしょうが……」

ショウコさんは正義感が強く、しっかりと自己を表現できる人でした。そういう人だからこそ、目をつけられ、いじめの対象とされたのでしょう。

いじめられる子というと、どうしても私たちは、気の弱い子やハンディキャップのある子を思い浮かべてしまいますが、それは単なる思いこみにすぎません。正義感の強い子や、自己を主張できる子もまた、いじめの対象となります。ショウコさんの話を聞いて、私はそのことに気づきました。

なお、話の中に出てきた同窓会毒殺未遂事件は、一九九一年一月に、佐賀県佐賀市で起きています。事件を起こした男性は、中学卒業後、農業高校の食品化学科を経て、工業大学に進学しました。大学卒業後は、化学試薬を扱っている会社に就職し、化学科甲種取扱免許を取得しています。すべて、中学時代のイジメに対する「復讐」のため、この「同窓会」のためでした。いじめが、彼の人生を狂わせたのです。

〈作文㉗〉いじめていた子からの手紙

小学校のときに、私はいじめっ子だったと思う。一人の女の子をいじめていた。楽しかった。その時は。今は反省している。くだらないことをしたと思っている。

その子は転校生で、四年生の時一組でいじめられてた。私は二組だったので、べつに関係してなかった。

五年制の組がえで同じくらすになった。五年二組だ。

私はいじめた。私は女の子六人組か七人組でいじめた。男の子も一〇人か一五人ぐらいでいじめた。でも、なぐったとかそーゆーんじゃなくて、口だけだ。でも、その方がつらいと思う。

中学校の時、その子から手紙がきた。一回だけ。こわかった。はっきり言って……。あの時、じぶんがしてたことのすごさに気づいた。

いじめられる子にも悪いところはあるかもしれないけど、それは理由にならないと思う。

あの時は、遊びの一つに「いじめ」というのがあったのかもしれない。「いじめ」は小学校で卒業した。〔エリカ・高一女〕

自分が過去にいじめをしていたことを後悔している作文です

いじめは、被害者の心に傷を負わせますが、時に加害者のほうにも、心の傷を負わせることがあります。「後悔」という心の傷です。

エリカさんに話を聞いてみました。

――その子がいじめられたのは、やはり転校生だからですか。

「そうだと思います。転校生というのは、言葉とかどことなく違うし、いじめられやすいと思います」

――どうやっていじめたんですか。

「その子の替え歌なんかを作っていじめました」

――あなたは、いじめていた女子グループのリーダーだったんですか。

「まあそうです。いじめのやり方なんかも、わたしが考えてました」

――中学校もいっしょだったですか。

「ちがいます。その子はまた、どこかへ引っこしましたから」

――手紙が来たのは、中学にはいってからですね。

「そうです。住所も名前も書いてない手紙でした。でも、すぐにその子の手紙だとわかりました。こわかったです」

――なんて書いてあったんですか。

「あなたのためにわたしの人生は狂ったとか、そういうことが書いてありました。わたしのほかにもうひとり、手紙が来た人がいて、その人の手紙にも同じようなことが書いてあったそうです」

――もうひとりというのも女子ですか。

「そうです。同じグループの子です。その手紙が来た時は、おたがいにコワイコワイと話してました」

――その手紙は、とってありますか。

「とんでもない。こわくてすぐ処分しました」

――今、昔のいじめについて、反省の気持ちはありますか。

「もちろんあります。たいへんなことをしてしまったと思ってます。作文に書いたのは本当の気持ちです」


次に、トイレをめぐる悩みを紹介したいと思います。これは男子小学生の深刻な悩みであり、またイジメや不登校ともかかわる重要な問題です。

〈作文㉘〉学校でクソをしただけで

小学校三、四年の頃は、トイレに糞をしに行くとのぞかれるという習慣があり、腹痛が走ると、みんなの目をぬすんで地下のトイレとか体育館のトイレに行って用をしていた。それは自分だけじゃなかったようだ。

ある朝、家を出て学校の門をくぐって歩いていたら、ものすごい腹痛がおそってきて、人目を気にして地下二階のトイレまで行って用をたしていたら、いきなり電気がついたり消えたりした。

これはヤバイと思ってだまっていた。そしたら上からのぞかれて、「わざわざ下まできて糞か」と言われ、笑いながら去られた時は、死ぬほど恥ずかしかった。

教室にもどったら、やっぱりみんな知っていて、笑いものになった。それからは学校では二度と糞はしないと誓った。

学校で腹痛がきらどうしようといつも悩んでいた。それが小字校時代の悩みでした。〔タイチ・男子〕

これは貴重な証言だと思いました。すぐに話を聞こうとしたのですが、タイチ君は

この作文について話をするのは、あまり気が乗らない様子でした。そこを何とか説得して、次のような話を聞き出しました。

——こういうことは、誰でもが気づいていることですが、その割には、ほとんど文章化されていません。貴重な作文だと思いました。なかなか文章力もあります。

「そうなんですか。でも先生、こういうことは、みんな忘れたいことなんです。ほじくるのはよくないんじゃないんですか」

——そうかもしれません。でも、これは、かなり重要で深刻な問題です。キミがそういう問題を、あえて文章化したところを評価したい。今でもキミと同じことで悩んでいる子どもがいるということもあるし、ぜひ話を聞かせてもらいたい。

「なるほどね。でも、先生、質問は簡単にしてくださいよ。こう見えて、私もけっこう忙しいカラダですから」

——ではごく手短に。この事件のあと、本当にキミは学校でクソはしなかったですか。

「イヤ、確かに二度とクソはしないと誓ったんですけど、その後、考えを変えました。だっておかしいじゃありませんか。なぜ自然の欲求をおさえなければならないんですか。それに、ヒトが入っているのを見つけてワアワア騒いでいるヤツラだって、陰でコソコソ行ってるんですよ」

——それでキミは、隠さずに行くことにしたんですね。

「そうです。堂々と行くべきだと思ったし、実際にそうしました」

——中学校にも、同じような風習はありましたか。

「さあ、どうでしたか。でも似たりよったりだったと思いますよ。ただ自分の場合は、職員用のトイレを使わしてもらってましたね。もちろん先生に断ってですが」

——やっぱり生徒用のトイレは、使いたくなかったですか。

「いえいえ、自分のいた中学は、その頃ムチャクチャに荒れていて、トイレにボックスというものがなかったんです。便器だけはありましたけど」

——それじゃあ、他の生徒はどうしてたんですか。

「どうだったんですかねえ。ほかの人間のことまでは知りません」

――今でも小学生は、こんなことで悩んでいると思います。何か解決策はありませんか。

「ありますよ。みんな堂々と行けばいいんですよ。そういう人間がどんどん出てくれば、こんな習慣はすぐになくなりますよ」

――これは、男子だけの悩みでしょうか。

「女子には、そんな悩みはあるわけないですよ。一時はそれで、どれだけ女子がうらやましかったことか。でも今となっては、それもどうでもいい昔話です。とにかく、こういうことはほじくってはいけませんよ」

第七章〔補足と解説〕

いじめた側の証言

私は、高校教員だったころ、毎年、授業の中で、「いじめ」の問題を扱ってきました。いじめの問題は、ホームルームや学年集会などで、「いじめはやめましょう」と呼びかけても、ほとんど改善は期待できません。授業の中で、「いじめとは何か」を考えさせ、「いじめは、なぜなくならないのか」「自分は、人をいじめていないか」について問うことが大切だと、私は思っています。

そうした形でいじめの問題を取りあげてゆくと、そのうちに、みずからの「いじめ体験」、「いじめられ体験」を振り返る子どもがあらわれます。そうした体験を「作文」という形で文章化する子どもが出てきます。

いじめという事象においては、いじめている側が圧倒的に多数派です。本来であれ

ば、「いじめた側」の作文のほうが、「いじめられ側」の作文より、数多く集まるはずです。ところが、事実は逆です。「いじめられ側」の作文は、すぐにあらわれますが、「いじめた側」の作文は、なかなか出てきません。

理由はハッキリしています。いじめている側に立ってきた彼らの多くは、「いじめ」について深く考えたことがありません。自分が他人を「いじめてきた」という自覚もありません。したがって、「いじめ体験」を振り返ることもないし、それを文章化することもないのです。

しかし、授業で「いじめ」の問題を取りあげますと、少数ですが、「いじめ体験」を振り返った作文も出てきます。エリカさんの〈作文㉗〉も、そうした作文のうちのひとつです。

エリカさんは、作文の中で、「今は反省している」と書いています。「じぶんがしてたことのすごさに気づいた」とも言っています。しかし、「いじめた側」の作文の中には、ほとんど「反省」の気持ちがないものがあります。いじめの責任を「いじめられた側」に押しつけようとしているものもあります。反省がいかにも「おざなり」といった感じの作文も見られます。

しかし、高校生というのは、まだ発達途上の段階にあります。その発達途上にある高校生が、いま以上に未発達であった時代におこなった「いじめ」を、みずからの問題として引き受けとなると、それは、かなりの困難がともなうはずです。彼らの「無反省」、「おざなりの反省」は、そうした困難さを物語るものだと、私は理解していまず。

実は以上のことは、いじめ問題に直面している現職の先生を念頭に置きながら、申し上げました。ついでに申し上げれば、「いじめ」の授業で回収できる。「いじめた側」の作文は、それが、たとえ「無反省」のものであったとしても、貴重な資料です。次年度以降の授業で、いじめについて深く考えさせてゆく「教材」として使用できるからです。

学校と排便をめぐる問題

〈作文㉘〉を書いてくれたタイチ君は、「とにかく、こういうことほじくってはいけませんよ」と言っていました。「こういうこと」とは、「学校と排便」をめぐる問題のことです。

しかし、「学校と排便」をめぐる問題は、なかなか深刻な問題であり、放っておくわけにはいきません。

「学校と排便」をめぐる問題が深刻な問題だと考える理由は、主に三つあります。第一に、学校における排便（ウンコ）が、何らかの理由で抑制されているという現実が、いまなお、厳然として存在しているということです。

不幸中の幸いというか、近年では、こういう深刻な問題が、ようやく深刻な問題として認識されるようになってきました。こうした変化には、インターネットの普及が一役買った可能性があるかもしれません。

いま、インターネットで「学校 排便」を検索すると、約1560万件の記事がヒットします。そのうちの一件「小中高生の半数以上が学校のトイレで排便を我慢……LIXIL実態調査」（LIXIL）を閲覧しますと、〝小中高生の半数以上が学校のトイレで排便を我慢していることが、「学校のトイレに関する調査」から明らかになった。

理由は「他人に知られたくないから」が5割を占めた。〟などとありました。

また、別の一件「学校のトイレでは小学生の八割が便意を我慢」（くにもと病院）を閲覧しますと、次のようにあります。

学校で大便をしない理由は、①学校の便所が汚い、臭い　②休憩時間が短い、落ち着かない、遊びで忙しい　③冷やかされる、いじめられる、恥ずかしい　④便意がない、などです。ここで特徴的なことは、男子は③の理由が際だって多いのに対し、女子では①②の理由が多いことでした。

ここでは、女子もまた、「便意を我慢」していることが指摘されています。

「学校と排便」をめぐる問題が深刻な問題だと考える理由の第二は、この問題が「いじめ」や「人権侵害」の問題でもあるということです。

タイチ君の作文にもあったように、学校では、しばしば排便が妨害され、また嘲笑の対象となります。これは、イジメ以外の何者でもありません。

またタイチ君は「なぜ自然の欲求をおさえなければならないんですか」と怒っていました。どこよりも子どもの人権が守られねばならない学校という時空間で、排便という自然の欲求が抑えている現状があります。これは、重大な人権侵害です。

「学校と排便」をめぐる問題が深刻な問題だと考える理由の第三は、この問題が、子どもに「不登校」、「便秘」など誘因となることです。

いま、インターネットで「学校　排便　不登校」を検索すると、約２６３万件の記事がヒットします。そういった記事の中には、学校で排便したことを嘲笑されたために不登校になった、学校では排便をガマンしなくてはならないので不登校になったなどの事例が報告されています。

また、先ほど引用した記事「学校のトイレでは小学生の８割が便意を我慢」は、小学校高学年の女子に「便秘」が多い事実を指摘し、その原因を「学校で大便をしない」ことに見出しています。

タイチ君は、「女子には、こんな悩みはあるわけないですよ」と言っていました。

実は私も、そう考えていたのですが、この先入観は改める必要が出てきたようです。

第八章

成長と悩み

本章では、「成長」というキーワードで括れるような悩みを集めてみました。

自分の背はもう伸びないかもしれないと心配したハルミさんの悩みは、「カラダの悩み」の章に入れることも、「不安と悩み」の章に入れることもできました。しかし、やはり、この章に納めるのが、いちばんシックリするようです。

「どうしてもウサギになりたい」と思ったコノミさんの悩みは、この章以外には、納められる章がありませんでした。性格が一変したことを隠してきたカズトシ君の悩みもまた、この章以外には納まりません。

リュウジ君の悩みは「性」の悩みでした。子どもにとって「性」とは、「成長」という課題に関わる悩みです。この章で紹介するにふさわしい悩みといえるでしょう。

以下、コノミさんの悩み、ハルミさんの悩み、カズトシ君の悩み、リュウジ君の悩みの順に紹介してゆきます。

〈作文㉙〉どうしてもウサギになりたい

今だから言える、ことでもない。子どもの頃の悩みなんて、本当にくだらないことばかりだと思う。でも子どもの時は、すごーい大変なことだと思っていた。すぐには思いつかない……。そうだなー、あの頃いちばん悩んだことは……、将来の夢だな。

どーしてもなりたかった。どうすればいいんだろうって。絶対になれるはずがないんだ、これがまた……。

だって、夢はうさぎになりたいってことだったから。みんなからかわいがられて、いいなーと思ってた。だから絶対にうさぎになる、なんて思ってた。ばかみたいだけど。〔コノミ・高一女〕

「今だから言える昔の悩み」という題で、多くの高校生に作文を書いてもらってきましたが、いちばん驚いたのは、この作文でした。コノミさんは、こういう意外な「悩み」を覚えていて、しかも、それを正直に書いてくれたのです。さっそく話を聞いてみました。

——どうしてウサギになりたいと思ったんですか。

「こんなことを考えていたのは、わたしぐらいじゃないですか？」

——いえいえ、子どもにはこういった悩みもあるんだ、ということを教えてくれる、たいへん貴重な作文だと思いました。

「本当は、わたしのこと、精神年齢が低いとか思っているんでしょう？」

——とんでもない。こういった悩みを覚えている人はあまりいないし、それを正直に書いてくれる人はさらに少ない。そこが貴重なんです。

「ホントですかァ」

——それで、ウサギのどういうところが好きだったんですか。

「ウサギって白くてきれいだし、かわいいし、みんなからカワイイ、カワイイって大事にされて、すっごくいいって思ってました」

――ウサギになりたいって思っていたのは、いつごろですか。

「小学校にはいる前ぐらいだと思います」

――本当になれると思っていましたか。

「ナリタイ、ナリタイって思っていれば、そのうちなれると思ってました」

――ウサギになりたいということを、おとなに言ったり、相談したりしましたか。

「いえ全然。そのうち自然になれると思ってましたから。ただ、サリーちゃんの願いごとをひとりで唱えたりしたことはありました」

――動物園にいる動物なんかも、人間が変身したものだと思っていたんですか。

「全部がそうだとは思ってなかったです。でも、人間ぐらいの大きさのもの、たとえばペンギンなんかは、どこかの人が変身したんだと思ってました」

――人間はウサギにはなれない、ということがわかったのはいつですか。

「小学校にはいって、すぐにわかったと思います」

――ガッカリしましたか。

「ガッカリしたのかなァ？　まァ、なれないのが当り前なんですから」

「ガッカリしましたか」という質問に対して、コノミさんは「なれないのが当り前なんですから」と返してきました。おそらく彼女は、「なれない」とわかって悩んだことは、思い出したくなかったのでしょう。絶妙な回答だと思いました。

〈作文㉚〉私の背はもう伸びないの？

私は昔から背が低かったので、小さいということにすごくコンプレックスを感じていました。

そして、そのためか、大きいものにすごく恐怖感がありました。例えば、大きなトラックの上に大きな木が積まれて走っているのを見て、「あっ」と思ったり、海岸のテトラポッドを見ないようにと、目をそむけて歩いたことが何度もありました。

一番言われていやだったことは、背の高い人に「小さくっていいネ」って言われることでした。「あなたに私の気持ちなんかわからない」って本当に言ってやりたかったこともしばしばありました。

「でも、このまま大人になるわけじゃないな」って、あまり頼りにならないことを思いつつ毎日を送っていました。

中学のころ電車通学で、みんなの背中が私の顔の所にきて、まわりの人に「だいじょうぶ？」とか言われ、みんなに気をつかってもらったこともありました。すごく恥ずかしかったです。

人間には、大きい人もいれば小さい人もいて、それが個性だということは今はわかります。でも、小さいのは何だかとてもいや！　ってしか考えられなかった自分は、とても幼かったなあーとつくづく思いました。〔ハルミ・高一女〕

かつて「小さい」ことで悩んだハルミさんは、現在ふつうの背たけの少女です。笑顔をたやさないその表情から、過去の苦悩を想像することは、とてもできません。

——テトラポッドがこわかったのは、なぜですか。

「だって、大きいのがいっぱいあるし、何となくこっちへ歩いてきそうな気がしませんか。トコトコって」

――そのことは、あなたが小さかったことと、関係がありますか。

「関係ないかもしれません。今だにテトラポッドはこわいですから」

――生まれたときから、小さかったんですか。

「幼稚園のころまでは、小さくてふとっていたんです。小学校時代は、ふとってはいなかったけど、身長が低かったんです」

――具体的に何センチぐらいだったか覚えてますか。

「小学校を卒業したときが一三六センチ、中学校を卒業したときが一五〇センチ、今は一五五センチです」

――そこまで伸びてよかったですね。

「これくらいが、ちょうどいいです」

――一時は、かなり悩みましたか。

「年中そのことで悩んでたわけではないんです。そのうち伸びるだろうという気持ちもありましたから。でも、いちばん気にしていたことでした」

――背を伸ばすために、何か心がけていたことはありましたか。

「特になかったです。何とかなるだろうと思ってましたから」

――わりと楽天的なほうですか。

「そうかもしれないです」


子どもにとって、自分が本当に「成長」できるかどうかというのは、かなり深刻な問題なのだと思います。特に「小柄」な子どもにとっては。

ハルミさんの作文からは、そうした「小柄」な子どもの悩みがよく伝わってきます。しかし彼女は、インタビューでは、「何とかなるだろうと思ってました」と言っていました。作文にも、「このまま大人になるわけじゃないな」という言葉がありました。「小柄」な子どもの悩みに接する機会があったら、「何とかなる」と言ってあげようと思いました。

〈作文㉛〉昔の僕はヒーローだった

小さな頃、僕はバカだった。というよりバカ正直だった。たとえばこんなことがあった。

僕が四、五歳の頃だ。都会の銀行へ行くという母とつれだって出かけた田舎モンの僕は、もううれしくてしようがなかった。

そして目的の銀行の前に着いたとき（そう、加州銀行という名前だった）、「加州銀行やあ！　加州銀行やから、加藤茶銀行やあー！」と、わけのわからんことをほざいていた。

気づいたとき、母はもう銀行の中に入ってしまっていて、いなかつた。そのとき、ものすごく恥ずかしくなったことを覚えている。いくら四、五歳の子どもといえども、他人から白い眼で見られたに違いない。

こんなことがあってからというもの、ずっと自分の感情をおさえてきたような気がする。

あの頃はよかった。都会へ来たという喜びを体中であらわしていた。きっとその様子を見た人たちは「しあわせなやつだ」と思ったに違いない。
バカだった、恥ずかしかった、しかし正直だった。回りのやつまでしあわせにしちまう不思議な力を持っていた。今の僕には絶対にできない偉業であった。〔カズトシ・高一男〕

ふだん、明るく元気なカズトシ君ですが、そのカズトシ君が、かつて、こんな悩みを抱えていたとは意外でした。さっそく、話を聞いてみました。

――これは、四、五歳ごろのことですか。

「いや、よく考えると小学校二年の時です」

――当時、どこに住んでいたんですか。

「金沢市の郊外です」

――都会に出てきたというのは、金沢市の繁華街にやってきたということですね。

「そうです」

――この銀行での「事件」で、自分の性格が変わったということですか。

「自分では、この時に性格が一変したと思います」

――変わる前の性格というと?

「恥という感覚がなかったと思います。人見知りせず、行動も自由気ままでした。親戚の家などに行くのは大好きで、みんなを明るくしていました」

――変わった後の性格は?

「人見知りするようになったし、とにかく恥ということを意識して、大胆なことはできなくなりました。親戚の家に行くことも好きでなくなりました」

――それほど変わってしまうと、親もヘンだと思ったんじゃあないですか。

「いや、親などには、そういった変化を気づかれないようにしてました。表面上は、あいかわらず明るく振るまっていました。よく親戚のウチで、子ども連中で歌合戦をやってたんですが、その時も明るく歌って、みんなを喜ばせました。しかしこれも演技です。僕が親戚のおとなたちからカワイイと言われて喜んでいる両親のためのサービスでした。ナマイキな子どもだったと思います」

――学校ではどうだったんですか。学校でも、無理に明るくしてたんですか。

「いや、学校ではふつうです。学校では、ずうっとバカをやってた思います。

――恥とかは、あまり意識せずに？

「そうです。友だちには恥とかは意識しなかったですね。それで思いだしましたが、僕は小学校三年の時に転校したんですけど、その転校先で大恥をかいたんです。転校の初日に、まちがって別の教室に入って座っていたんです。でも、そのときは、間違えて何が悪いんだ！　という態度でフォローしました。そのあとも、学校ではけっこう明るかったし、いばってたほうだと思います」

――意外だったなあ。わたしだって、学校でのキミしか知らないわけだから。

「……」

この日のカズトシ君は、いつになく淡々としていて、物静かな印象を受けました。カズトシ君が語った言葉の中に、「しかしこれも演技です。僕が親戚のおとなたちからカワイイと言われて喜んでいる両親のためのサービスでした」というものがありました。

なかなか考えさせられる言葉です。本章〔補足と解説〕の「子どもを演ずる子どもたち」では、このあたりの問題について論じたいと思っています。

〈作文㉜〉土曜深夜に受けた性教育

あれはそう、小学校二年の秋でした。ほんのり冷たい風が僕らを笑うかのように吹いていました。

その当時の僕は、いつも土曜アンコール劇場を見ていました。その番組は、殺人事件をテーマにしたものが多く、それが好きだったのです。しかし、その日はエッチな場面が出ていました。それはとてつもなくエッチでした。

僕はなんでこんなことをするのだろうと考えてしまいました。そして何を血迷ったか、そのことを母親に聞きました。そしたら母親は「リュウジだってオトナになればする事なのよ」と言いました。

僕は非常に悩みました。絶対にいまにしなくてはならない事だと思いました。しかし、どうやってすればよいのか。もし失敗したらどうしようなどと、悩みました。

今になってみれば、たわいのないことですが、当時の自分にとっては、とっても大切な悩みだったのです。〔リュウジ・高一男〕

リュウジ君のような体験は、おそらく誰にもあるはずですが、文章化されたものというのは意外に少ないように思います。リュウジ君は、何のテライもなく、当時のことを語ってくれました。

——土曜アンコール劇場というのは、夜のだいぶ遅い時間帯じゃないですか。

「夜十時からだったと思います」

——小学校二年で、そんな遅くまで起きてたんですか。

「ウチは、そういうことは全然うるさくなかったんです。おとなといっしょにテレビを見ていても何も言わなかったですね。おとなは自分が見たければ見たい番組を見るし、子どもがいっしょに見たければ勝手に見ろって感じでした」

——その番組は、相当いやらしかったんですか。

「それはとにかくいやらしかったですよ。ドキドキしてしまって、その場から逃げ出したくなったですね」

——でも、逃げ出さなかったんですね。

「そうです。釘づけって感じですね」

——そのころ、意味がわかったんですか。

「理解力はなかったんですが、想像力であれこれ考えてしまいました」

——すべてを理解したのは、いつごろでしたか。

「中学にはいってからです」

——その日に、お母さんが言われた言葉は、ちょっと意外でした。かなり、ショックを受けたんじゃないですか。

「そりゃそうですよ」

——君のおうちというのは、だいたいこういう雰囲気ですか。

「そうですね。あけっぴろげっていうのか、何でもヘンに隠したりしなかったです。友だちなんかが来ると、オマエんところの親は変わっている、とか言われました」

——君はどう思ってましたか。

「ウチの親にはウチの親なりの考えがあるんじゃないかと思ってました。いつも、ヨソはヨソ、ウチはウチって言われてましたから。子どもの教育にも、一応の考え方があったんじゃないですかね」

——きょうだいはいますか。

「姉がふたりいます」

——ご両親は、お姉さんふたりに対しても、同じような教育方針だったんですか。

「まったく同じですね」

――子どもにとって親の影響は大きいと思いますが、君にとって、ご両親の教育方針はよかったと思いますか。

「よかったと思います。姉なんかもそう言ってますね」

リュウジ君の家の「性教育」は、かなり独自なものです。しかし、リュウジ君は、そういう性教育を通して、「性」というものを受け入れていったのです。彼がこういう作文を書いてくれたのも、それについて包み隠さず語ってくれたのも、ある意味では、ご家庭の性教育の成果と言えるでしょう。

第八章〔補足と解説〕

子どもを演ずる子どもたち

〈作文㉛〉を書いたカズトシ君は、インタビューの中で、「演技」という言葉を使っていました。幼いころの彼は、明るく元気な性格でしたが、その性格が一変し人見知りをするようになったあとも、「演技」で明るく振るまい、みんなを喜ばせていたというのです。

つまり彼は、おとな向けの「子ども」を演じていたことになります。

〈作文⑨〉（第三章）を書いたキヨミさんは、インタビューの中で、次のように言っていました。

おとなというのは、子どもはこうだろうとか、こうあるべきだとか、自分で子ど

ものイメージを作って、それを子どもに要求します。子どもの方は、それに合わせて、みせかけの子どもの姿を演じるわけです

ここにも、「演じる」という言葉が出てきます。〈作文⑱〉（第5章）を書いたサキさんも、インタビューの中で、次のように言っていました。

詩にしても作文にしても、事実ではないですよ。それらしく、もっともらしく書くだけですから。先生のほうも、ここはこう書いたほうがいいなんて、人の気も知らずに、平気で直したりしますからね。

サキさんは、子どもが先生に提出する詩や作文というのは、先生が「こう書いたほうがいい」と思っているものを意識し、「もっともらしく」書いているだけだと言っているのです。これは、キヨミさんの言葉にならって言えば、「詩や作文を通して、

みせかけの子どもの姿を演じる」ということになるでしょう。
最後に、もうひとつ「ちゃこちゃん」の作文を紹介します。これは、作文だけが残っていて、名前や学年が不明です。ただ、書き手は女子だったと記憶します。

〝ちゃこちゃんは悩みなんてないでしょう〟といわれるのが悩みだった。そう言われる度、〝お前よりは考えてるよ！〟と心の中で叫んでいた。結局、この解決策は、〝悩んでる〟という顔をして周りにうわべだけの同情をされるより、なやんでても元気にして、他の悩んでる子も元気にしながら、自分の悩みを考えたほうが、よっぽど楽しく生きられるというものだ。

ここで、〝ちゃこちゃん〟は、「なやんでても元気にして」と言っています。これもまた、「演技」です。ただこの場合の演技は、文脈からしますと、おとなを意識しての演技というよりは、まわりの友だちを意識しての演技だったようです。
それにしても、「なやんでても元気にして、他の悩んでる子も元気にしながら、自分の悩みを考えたほうが……」とは、何というケナゲな心がけでしょうか。

短い作文ですが、私はここに、ひそかに悩んでいる子どもの姿、それなりに苦労している子どもの姿、実にカシコイ子どもの姿、ケナゲでたくましい子どもの姿を読みとることができます。もちろん、そうした子どもの姿が読みとれるのは、ちゃこちゃんの作文に限りません。本書に紹介した作文のすべてから私は、悩んでいる、苦労している、カシコイ、たくましい子どもの姿を読みとることができます。

いま私は、「私は……読みとることができます」という表現を繰り返しました。本当は、「私たちは……読みとることができます」と書きたかったのですが、それは控えました。この本をお読みになった読者のみなさんが、同じように感じていただけたことを祈るばかりです。

あとがき

かつて私は、高校で「社会科」の教員をしていました。主に担当したのは「倫理」という科目です。毎年度、「倫理」の最初の授業の冒頭で、生徒諸君にこの科目に対する印象を聞きます。生徒から出てくる感想は、「むずかしそう」、「おもしろくなさそう」、「意味がわかない」など、否定的なものがほとんどです。

そこで私は言います。皆さんは、子どものころ、人間はなぜ死ぬのか、死んだらどうなるのか、人間は何のために生きているのか、夢と現実はどう違うのか、宇宙に果てはあるのか、などの問題で真剣に悩んだことがあるでしょう。こうした問題は、人類の誕生以来、ずっと考えられてきた問題であり、いまだに解決できないでいる問題です。この科目は、皆さんが子どものころに悩んだような問題を、もう一度、シッカりと考え直してみようという科目です。――

このように申しますと、この科目する生徒諸君のイメージは、いくらか好転します。目の前の教科書を、パラパラとめくりはじめる生徒も出てきます。高校の「倫理」の授業と「子どもたちの悩み」とは、私の中では、強く結びついていました。

本書は、「子どものころの悩み」について、高校生が語ってくれた内容を紹介した本です。高校生の「回想」を通して、子どもがどんなことを悩んでいるかを、間接的な形で、読者の皆さんにお伝えしようとした本です。おそらく類書はないだろう、と考えています。

残念ながら、この本でじゅうぶん検討できなかった問題がいくつかあります。ひとつは、高校生たちはそうした「子どものころの悩み」を、いつごろまで覚えているのか、という問題です。私の印象では、高校三年生ぐらいになりますと、もう「子どものころの悩み」を思い出せなくなる傾向がありました。この印象が誤っていなければ、高校生が「子どものころの悩み」を覚えているのは、一年生か、二年生ぐらいまでということになりますが、検証できたわけではありません。

ふたつ目として、子どもたちは、そうした悩みをどのようにして乗りこえているのかという問題があります。高校生たちは、子どものころの悩みに対し、「くだらないことで悩んだ」と語ることがあります。かつての深刻な悩みは、彼らの中で、いつ、どのようにして「くだらない悩み」に変わっていったのでしょうか。この問題については、高校生自身が、それなりの説明を試みている場合もあります。しかしそうした説明は、私たちをじゅうぶん納得させるものとは言えません。

さらに三つ目。子どものころの悩みの中には、人はなぜ死ぬのか、死んだらどうなるのかなど、人類永遠の悩み（問い）が含まれています。「くだらない悩み」ではない悩みです。そうした悩み（問い）に、私たちは自信を持って答えられるのでしょうか。子どもから「人はなぜ死ぬのか」と問われた場合、どう答えるべきなのでしょうか。これが三つ目の問題です。

そういうわけで、この本は、重要な課題をいくつか残しています。「子どもの悩み」について紹介・解説する「最初の試み」ということで、ご海容をいただければさいわいです。

なお、右のふたつ目、三つ目の問題に関わって、私は、ひとつの「仮説」を持っています。人間というのは、「子どものころの悩み」のすべてを克服しながら成長してゆくのではなく、そのうちの難問、たとえば「人はなぜ死ぬのか」といった問題は、これを封印したままで成長してゆくのではないか。――これが、その仮説です。

この仮説が当っているとすると、私たちが難問を封印してきた「ツケ」は、人生の最後の最後に回ってくる可能性があります。ということで本書は、高齢者の方にも、ぜひ読んでいただきたいと願っている次第です。

末筆ながら、本書の意義を明察いただいた上、コンセプト等について的確なアドバイスをいただいた同時代社の川上隆さんに、厚く感謝の辞を申し上げます。

二〇二一年一〇月三一日

永野恒雄

編著者プロフィール

永野恒雄（ながの　つねお）

1949年生まれ。元都立高校教諭。現在、立正大学非常勤講師。日本教育法学会名誉理事、ことわざ学会理事、東京都高等学校教育法研究会事務局長、歴史民俗学研究会会員。著書に、『高校生の名言』（遊戯社）『ことわざ練習帳』（平凡社）、共著に『保護者の常識と非常識』（大月書店）『「生徒指導提要」一問一答』（同時代社）、共編著に『学校の中の事件と犯罪』（批評社）『心にひびく説教』（学事出版）、分担執筆に『いじめと民俗学』（批評社）ほか。

私たちは何を悩んできたか

――高校生が語った子どものころの悩み

2021 年 12 月 20 日　　初版第 1 刷発行

編著者	永野恒雄
発行者	川上　隆
発行所	株式会社同時代社 〒 101-0065　東京都千代田区西神田 2-7-6 電話 03（3261）3149　FAX 03（3261）3237
装丁	クリエイティブ・コンセプト
組版	いりす
印刷	中央精版印刷株式会社

ISBN978-4-88683-913-8